保育表現技術

豊かに育つ・育てる身体表現

古市久子
［編著］

ミネルヴァ書房

はじめに

　私たちは，いつでもどこでも身体である種の表現をしています。しかし，改めて身体表現をしようと言われると，なぜか構えてしまいます。
　身体表現は子どもにとって親しみやすく，社会化していくために必要なツールです。しかし，「表現すること」が先行すると，身体が硬直して本来の目的が達せられません。保育者も子どもも，養成校での指導も「表現しなければならない」症候群に陥ってしまっていたような気がします。多く出版されている教科書的なものは，それぞれ立派な内容を含んでいますが，身体表現を気楽に行う点について，十分配慮されていないように思います。もっとも気になる，身体表現の最初に乗り越えるべき箇所（「身体表現の壁」と呼ぶことにします）について，重要視されていないのです。そこで，「身体表現の壁」を撤廃する一つの手法として，楽しく技術的にも効果があがり，結果，子どもの心を引き出し，教育的な配慮をもったものを提供したいと考えて，この本を作りました。
　「動き始めること」をひょいと乗り越えられたら，後に続く表現は容易に進んで，見違えるほどの表現の世界が展開されます。この「表現の壁」を超えるための方法として，双方向性の視点を取り入れることで，容易に身体表現に導こうとするのがこの本の基本です。身体表現は個人差が大きいものです。しかし，「身体表現の壁」は誰にでもあります。これを乗り越えるためには，身体表現を行う必然性があればいいのです。引っ込み思案の子どもでも，自然に身体が動く方法，それが双方向性を利用した身体表現なのです。「気がついたら身体表現していました」，「身体表現っておもしろいね」と思っていただけたら幸せです。
　この本の構成は，第Ⅰ部の「身体表現とはなにか」では，今まであまり系統だって示されてこなかった資料を出しています。身体表現の育成に必要な基礎的知識です。筆者が養成校で行った講義で，楽しくて効果が上がったものを，そのまま「第Ⅰ部第3章第1節　身体表現の基礎力を高める」のところで，掲載しております。第Ⅱ部では学生が実習に行ったときにもっとも苦労する指導案（部分実習）の事例を載せています。また，子ども達が喜ぶ表現あそびも，展開例を示しながら書いていますので，すぐ使っていただけると思います。
　この本はまず，保育者と言われる人に読んでもらいたいと思います。「子どもの心を引き出す」という考えが先行して先生が緊張していると，子ども達に身体表現する楽しさを伝えられません。また，日常保育や運動会・生活発表会で悩んだときのヒン

トにしていただければと思います。次に，幼児教育者になりたいと考えている学生諸君に贈りたい本です。自身のリズム感や表現力を高め，動くことが楽しい身体になっていただきたいし，手あそびをはじめとする教材を多く知ってほしいです。さらに，保育・教育実習に行ったときに，身体表現をテーマにした部分実習にもどんどんチャレンジしてほしいのです。研究者には，リズム表現の発達の資料として使っていただけるように，ちょっと詳しい資料を載せていますので，参考にしていただきたいです。子育て真っ最中のお母さんたちには家庭で子どもさんとあそべるように，実際の母親の体験例やあそびの例も示してあります。

　この本は，平成22〜24年度の科学研究補助金（基盤研究（C）（一般））（課題番号22500554）の支援を受けて行われた研究「幼児の身体表現力を豊かに育てる教育方法の提案」の成果をもとにしております。アンケート調査で得られた基礎的なデータ，園での聞き取り調査の結果，子ども達への実践で検証した結果が反映されています。それらは，「第Ⅰ部第3章第2節　保育者が指導する上で重要視していること」や，「第Ⅱ部　身体表現あそびの具体的な指導案・教材の紹介」で子ども達の教材や指導案の例に反映しています。

　もっと気軽に，どこでも，だれでも，いつでも身体表現という表現手段を楽しんでくださり，ことばと同じように生活の一部になってほしいと願っています。そして，身体表現が人々の心を結ぶ糸となり，つながりの糸が暖かい色で染まりますように。

　この本はそういう願いをこめており，また，アンケート調査や実践に参加して下さった方たちの思いもこもっています。

　イラストは研究会にも参加されたことのある遠藤朝さんが描いてくださいました。新光明池幼稚園（和泉市）・松の実保育園（大阪市）の皆様には写真撮影・写真提供にご協力いただきました。皆様に御礼申し上げます。

　そして，一人でも多くの方々が，この本を手にとって，自分育てに役立ててくだされば幸いです。

2013年1月
編著者　古市久子

目　次

はじめに

第Ⅰ部　身体表現とは何か

第1章　豊かな身体表現力を育てる……………………………3
　1　豊かな身体表現とは　　3
　2　「豊かな身体表現」の概念　　7
　3　身体表現を支えるもの　　13
　4　双方向性こそが身体表現力を育てる　　21

第2章　身体表現の考え方……………………………25
　1　幼稚園教育要領・保育所保育指針の考え方　　25
　2　発達過程で見られる身体表現の様子　　28

第3章　保育者と身体表現……………………………43
　1　身体表現の基礎力を高める　　43
　2　保育者が指導する上で重要視していること　　56
　3　保育者の抱える身体表現の指導上の悩み　　60

第4章　子ども達と身体表現……………………………63
　1　0〜1歳児の身体表現　　63
　2　2〜3歳児の身体表現　　69
　3　4〜5歳児の身体表現　　74
　4　異年齢の子どものかかわりから　　80

第Ⅱ部　身体表現あそびの具体的な指導案・教材の紹介

第5章　身体表現あそびの指導……………………………………91
　1　指導上の配慮　　91
　2　部分実習に使える指導案　　93

第6章　子どもが喜ぶ身体表現の教材……………………………123
　1　ひとりで　ふたりで　みんなで　　123
　2　やってもらうあそび・やってあげるあそび　　126
　3　かおあそび　　132
　4　じゃんけんあそび　　135
　5　手あそび・うたあそび　　143
　6　かえうたあそび　　151
　7　フォークダンス・リズムダンス　　157
　8　表現あそび　　170

第 I 部

身体表現とは何か

第1章　豊かな身体表現力を育てる

1　豊かな身体表現とは

1　身体表現とは

　身体表現とは文字通り身体を使って視覚的に表現することです。心に感じたときに表情に表れたり，がっくりと肩を落とすような，自然に身体に表れる他人が読みとれるものから，ダンスのように動きたい気持ちに駆られて身体を動かすもの，演劇のように集団で意思を表現するものなど，多くのものが含まれます。特に，幼児では心がそのまま身体に表れることが多く見られ，年齢が増すにつれて，目的を意識して動かすことが増えていきます。

　表現には，身体表現，音楽表現，造形表現，言語表現がありますが，どれもが心身から発する心の躍動感を，身体・声・道具を使って目に見える形にすることです。造形表現はイメージされたものが作品として残り，後に何度も見て楽しみ考える材料になります。音楽表現は楽譜にして残すことができ，何度でも再現することができ，歴史やことばの壁を越えて楽しむことができます。言語表現は，ある集団の約束事の上に立って，常に使用することで，生きるためのツールとして重要な役目を果たします。

　身体表現の多くはその人が空間に描く絵のようなもので，視覚の軌跡を記憶に留めていくものです。形は瞬間に消えていきますが，それを見た人は映像をその人なりの解釈をして心に残していきます。そこにはどんなに短いものでも，一つの流れがあり，周囲との関係があります。つまり，身体表現は時間という縦軸と，空間という横軸の広がりの関係の中で示す身体を使った心の位置なのです。造形のように作品を残しておくことはできません。音楽のように楽譜に書きとめてはおけません。言語のようにしっかりした約束事が人々の頭に刻み込まれることもありません。身体表現は，それを見た人が動きを見ながら自分で合成していくもので，表現するものはその過程で表現に反応してくれる人との関係により変わってきます。つまり，人との関係を抜きに

しては考えられないものなのです。その反応に対して返していく表現は，従来のような個人の発達や表現能力で語っていくもの以上に，環境のつながりがあります。この本は環境との双方向性を基本にして，子どもの身体表現を楽しみながら，かつ豊かに発展させていくことができる方法を示していきます。

　身体表現にはいろいろな側面があります。
① 感情が表出する：生命力の躍動により，心が震え身体が動く。
② 楽しい時間をあそぶ：一人で踊りに夢中になることもあれば，集団であそぶ楽しみもある。
③ 模倣の欲求を満たす：目にしたものを自分もやってみたいという気持ちから，身体がその形や動きをなぞっていく。
④ イメージを形にする：抽象的なイメージも，身体を使って動きや形にする。
⑤ 心の解放が行われる：心にうずまくものを身体の外に出して，エネルギーの発散が行われる。
⑥ 同調欲求を目指す：周囲と合わせていこうとする生物の本能により，リズムを合わせていくことで，快感情を得る。
⑦ 交流欲求を満たす：人と交わりたいという本能に基づいて，あるいは必要性から表現が行われる。
⑧ 演じる機会：人の前で演じる機会が，意識的に，組織的に行われる。
⑨ 空想世界にあそぶ：子どもは現実と非現実の間を行ったり来たりして，空想世界をあそぶことができ，その両方を楽しむ。
⑩ 創造力を刺激する：創る楽しさを体験しながら，創造力を刺激する。
⑪ 鑑賞を楽しむ：観ることは，表現のイメージを自分の中に創っていく機会になる。
⑫ 文化の伝達：歴史の中の一人として，昔のしぐさやあそびを次の世代に伝えていく。
⑬ 自己確認ができる機会：表現しながら他人との区別が認識され，自分の位置が確認できる。

　以上のような側面をもちながら行う身体表現の方法は，手あそび，足あそび，表現あそび，ダンス，体操，劇あそび，ミュージカルあそびなどの教材を通して，日常の保育の中や，運動会，生活発表会，四季の行事などの機会に行われます。

2　双方向性の必要

　身体表現を自分と環境との関係性の中で考えると，誰と，どこで行うかによって，何を，どのように表現するかが変わってくるのです。そこには，表現するものの心が反映され，かつ知的な働きが入ってきます。しかし，その関係が一方的では単なる指

導か，伝言に終わってしまいます。しかし，コミュニケーション的な双方向性のやり取りがあると，表現としての価値が大きくなってくるのです。例えば，強い風に向かうときは吹き飛ばされないように前傾姿勢で進まないといけません。誰かに追いかけられるときは全速力で走らねばなりません。それだけではありません。次に来る状況に合わせて，再び表現を変化させる必要があるので，その価値は子どもにとっては，自然に無理なく身体を動かす動機づけになるだけでなく，集中する時間になります。

　指導する保育者にとっては身体表現への導入を，容易にかつ子どもの心を引き出す手法として使うことができます。今まで私たちは身体表現について，あまりにも個人の能力に焦点を当て過ぎていたのではないかと考えます。もっと気持ちを楽にして，周囲の人と一緒に楽しめるものが身体表現なのです。

　人の育ちはふれあいの歴史です。いかに優れた人であっても，この世で生を受けてから自分だけで命を育むことは不可能ですし，ふれあうことで，周囲の人に生かされています。人と人とのふれあいは，つながりをつくります。そして，人の育ちはつながりによって色合いが変わります。特に幼少の頃は特定の人とつながらないと生きられないのです。赤ちゃんは生きるために周囲に必死で合わせようとします。ですから，周囲の人の色合いによりその育ちは変わっていきます。たとえ，環境の影響を受ける「育ち」でなく，自分で「育つ」要素が大きかったとしても，環境はとても大切です。

　ここで，かえるの話をしましょう。補色の話はよく知られていますが，かえるが色を変えるのは生きるためなのです。同じかえるでも住んでいる場所によって色を変えます。写真はいつも住んでいる環境の色に合わせたかえるです。

　朝6時（写真1-1）に見たかえるは，菖蒲の花の上で緑の色をしていました。じっと座って虫が飛んでくるのを待って，4時間後，かえるは花の中心の黄緑色に変わっていました（写真1-2）。環境になじみ目立たない色になっていたのです。他のかえるも皆同じように色を変えます。いくつかを例にとって見たいと思います（この本はカラーでないので，わかりにくいかも知れませんが，白黒の濃淡でも感じていただけると思います）。石の上にいるのは石のような色（写真1-3），ふきの葉っぱの上では黄緑（写真1-4），オキシペタラムの葉っぱは水色がかった緑ですが，かえるも瑠璃色（写真1-5），黄色い葵の葉っぱの上では黄色（写真1-6）になっていました。

　人もかえると同じ「生物」です。生きるためには身体全体を使って周囲に合わせていきます。特に，赤ちゃんはまだ基礎が固まっていません。どのように社会になじんでいいのか考えながら，生きるために周囲の情報を最大限取り入れて，周囲の色に合わせることで，自分が生きる社会になじんでいく以外にないのです。ですから，赤ちゃんの周囲で行われるすべてが育ちにかかわってくるのです。

写真1-1　朝6時のかえる（緑）

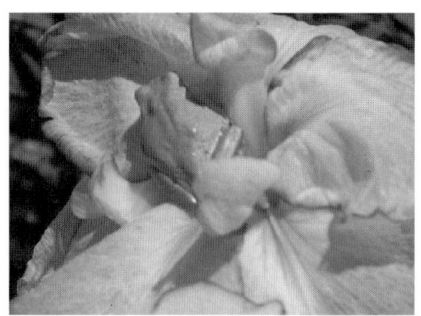
写真1-2　10時のかえる（黄緑）

写真1-3　石の上のかえる（灰色）

写真1-4　ふきの上のかえる（黄緑）

写真1-5　オキシペタラムの上のかえる（瑠璃色）

写真1-6　葵の上のかえる（黄色）

　その中でも、ふれあいのときに生ずる快・不快に対してはとても敏感で、快は積極的に取り入れられ、不快は意識的に排除されていくものと思われます。そして、不快は心に明記されて、避けていくようになるでしょう。それだけではありません。赤ちゃんが情報をキャッチしておとなに返してくる表情や表現はおとなの心に響き、その可愛いさに思わず笑顔で赤ちゃんに応えていきます。この双方向性こそが、表現には欠かせない育ちの条件となります。

　人は成長するに従って、表現する機会が増えます。表現することで、他とふれあいが深まり、心の満足感が得られ、生活が成り立っていくと同時に、多くの学びも発生します。そして、他とのふれあいは、身体表現においてもっとも顕著に感じられます。

それが集団で行われるようになると，集団での自分の居場所が無理なく得られ，みんなと仲良くしていくための導入を行っていることになります。そこには，表現することを楽しみながら社会化していることに，ふれあいあそびの意味を見出すことができます。ふれあいあそびが楽しくて快の感情のもとに行われたら，育ちにはよい刺激となるでしょう。

　少し視点を変えますと，身体表現は常にふれあいと共に考える必要があるということです。年齢が小さければ小さいほど，身体表現を通してふれあいが行われます。

　身体表現はまぎれもなく個人のものです。個人のものではあるのですが，集団の中にいて集団での位置が認められてこそ意味があります。そのためには表現するタイミングが問題になってきます。タイミングを計って表現できることは素晴らしいことですが，大変難しいことでもあるので，表現力がかなり備わってからできることです。しかし，双方向性を重視すると，かなり早くの年齢から，無理なく身体表現を行うことができ，体験も豊富になることから，そのタイミングもわかっていきます。

　また，従来それがもっとも大切と言われていた「心を引き出す」という言葉は響きはいいのですが，隠しておきたいところまで引っ張り出すような強引さがあり，そこで，慣れない子どもはとまどってしまいます。コミュニケーション・対話という双方向性の視点をもつと，誰でも，どこでも，いつでも行えるので，気がついたら，心を引き出していたという結果になるのです。

　双方向性の視点をもつということは，即興性が高くなりますが，そのことが集中力を必要として，いわゆる"なりきる"ための条件も作り出すことができるのです。

　一方，身体表現はあくまで表現なのです。独り相撲ではありません。そこには双方向性のやり取りがあって，初めて光り輝くものとなります。この本は，身体表現が光り輝き，子どもたちの育ちをより豊かに形成していくための方法を示しています。従来の「子どもの心を引き出す」ということにこだわりすぎると，子どもたちは，楽しく表現を行うことができない場合も出てきます。また，保育者にとっても，「教える」ことに躊躇して十分指導が行えていなかったのが，ここ20年来の様子なのです。双方向性を意識した身体表現の結果，「子どもの心を引き出す」ことができるということになることを基本にしたいのです。

2　「豊かな身体表現」の概念

　「豊かな」という言葉は表現教育において大きな命題として，日常の保育，研究のテーマ，実践の場にしばしば登場します。しかし，「豊か」のことばのもつ意味は広く，対象が変わったり，場所によって，また，年齢によってもまちまちに使われてい

ます。身体表現の「豊かさ」の意味の深さが，保育者・研究者の表現における目標を曖昧にしていることも，このことばを複雑に感じさせています。「豊かな身体表現」の概念は，場面やいろいろな要素を含む積み重ねではありますが，豊かな身体表現を構成している要素をはっきりさせると，わかりやすくなります。

1 身体表現における「豊かさ」のことばの意味

身体表現における豊かさについて，保育者に「幼児における身体表現の豊かさ」を感じた場面をエピソードで書いてもらった例を分析した結果から見てみましょう（古市，1996）。アンケート調査の質問は「幼児がどんな身体表現をしたときに豊かな表現だと思われましたか。幼児の年齢とエピソードを自由に書いて下さい」というものです。298名の幼稚園・保育所の先生から得られたエピソードから，豊かさを構成している要因を抽出し，それらを①表現そのものに関するもの，②心の表出に関するもの，③子どもの態度に関するもの，④時間的な経過に関するもの，⑤集団で表現，⑥見立て行為，⑦知的な発展の7つにまとめました。

①表現そのものに関するもの

「表現そのものに関するもの」で，幼児の身体表現がどれだけ保育者を感動させたかという動きの上手さに関するものです。それはそのものになりきっていると感じられるものや，ものを上手に真似ているといったような表現時の技術に関するものです。もちろん，動きと一緒に声が出たり，上手に音楽に合わせたりでき，手足がしっかりと伸びていることもここに入ります。

「表現そのものに関するもの」においては，表現主体を真似ている間になりきって表現していることが，豊かに見える大きな理由です。"なりきる"ということは，現在に没頭して表現している状況を指すと思われますが，なりきることを始めとする表現の心や技術は，模倣することの延長線上にあることも多いのです。形を真似ることは心まで真似ることになることについて面白い話があります。

心理学者のユングがアフリカを旅行したときのエッセイです。多くの種族と出会うのですが，種族が違えばことばが違います。しかし，彼は連れてきた黒人のおかげで，対話が可能になったのです。『ユング伝記2』の「旅」の項の中に記された内容を引用します。「そうたいに，私の連れた黒人たちは性質を見定める能力が秀れていた。彼らがこのような秀れた洞察をえる方法の一つに，模倣の才能がある。彼ら黒人たちは，相手となる人の表現の仕方とか，身振りとか，歩き方などを驚くほど正確に真似ることができて，意図したり目的とするもののすべてを肌に感じてしまうらしい。私は彼らが他人の情緒を理解するのも驚きであった（ユング，1973，p.85.）」というのです。この話は大変示唆に富んでいます。模倣は幼児の欲求を満たすだけでなく，他人を理解する大きな入り口にもなり得ることを示しているからです。

リズミカルに動くことができるのもこの要因の中に含まれますが,「リズミカルな動作を行うことで,それと結びついた生命感が初めて喚起されて,それが感覚を揺り動かし,見ているものの躍動感を刺激して,感覚へ逆作用(ヴント,1985,p.166.)」が起こり,豊かな動きに感じられるのです。人としてもっている生命感としてのリズムと,子どもが表現するリズムが一致して感動した結果なのです。

②心の表出に関するもの

「心の表出に関するもの」は自分が意識することなしに,動きに表れるようなものです。2歳児がうれしいときにはぴょんぴょんと跳びあがるような例に見られるように,心の中をストレートに動きで表したものに豊かさを感じるのです。それは,まさに自由に伸び伸びと身体全体で表現できていると感じたときなどです。

「心の表出に関するもの」は自分の感情や欲求を身体全体で表現し,コミュニケーションともとれる身体表現が豊かに感じられるのは,身体言語としての意味が保育者に読み取れるからでしょう。動きの発達とコミュニケーションについて,多くの研究がありますが,互いに密接な関係があると言います。麻生も「共鳴し合う身体」「情緒的に響き合う身体」の存在を観察し,「私たちはいわば赤ん坊の情緒の増幅機だ(麻生,1992,p.358.)」と言っています。子どもが一生懸命に伝えようとする姿は保育者に感動をもって受け入れられることから,身体表現が明らかに自分だけの表出ではなく,双方向性をもったメッセージの発露であることがわかります。

4歳児は3歳児・5歳児に比べ少ないのですが,身体的・精神的に発達の著しい年齢であり,新しい運動の獲得に一生懸命で,物理的に心の表出の場が少なくなった結果なのでしょう。

③子どもの態度に関するもの

「子どもの態度に関するもの」は,子どもが表現するときの態度に関するもので,年齢によって大きな違いがあります。表現するときの意欲や自分なりの表現手段などがここに入ります。1歳児はうたを歌ってくれる先生の顔をじっと注視することや,にこにこするだけでも豊かな表現だと思えるというような,1歳児らしい特徴があります。3歳児では,恥ずかしがらずに身体表現することや熱中しているような姿を見ることです。

子どもが表現するものの中でおとなが失ってしまった動きについて感動する要因として,子どもの表現的態度を考えるとわかりやすいでしょう。おとなも全身で表現してもいいわけですが,ことばでさらりと言ってのけることで,効率的にすませてしまいます。表現時の態度について,それが子どもの表現の特徴であると納得しつつも,保育者のかつては自分もそうであったノスタルジーを刺激するので感動的に受けとられるのでしょう。

④**時間的な経過に関するもの**

　時間的な経過を追っている間に豊かさを感じるものです。練習を重ねてできなかった動きができるようになってきたときや，同じ表現の機会を重ねている間にだんだん技術が向上したり，顔の表情が豊かになってくるなどです。また，絵本の朗読・人形劇・劇などの公演を鑑賞した後，何日もそれに関する遊びが続くというようなときに豊かさを感じるものです。この要因は創造性にもつながるもので2歳児以降の子どもに見られます。

⑤**集団で表現**

　集団で行うときに，子どもたちが多人数で一つのものを表現できたときに豊かさを感じるものです。数人で手をつなぎ一輪のチューリップが咲く様子を表現し，手を離して一人ずつ回転しながら花びらが散る場面を見ると，花の様子をよく見ていると感心してしまいます。凧揚げをする人と糸に操られる凧を表現するというようなかけ合いができたときは，互いのやりとりを考えられるということに，ゆとりを感じます。また，運動会でリズム表現の作品をしっかり発表でき，みんなが心を一つにできたときにも見えないつながりの糸の太さに豊かさを感じています。一人の子どもの動きを誰かが真似て，それがどんどん広がり，クラス全員におもしろい表現として広がっていくような場合もあります。

　同じ表現を何回も飽きずにくり返し行っていることが豊かに見えるのは，何回もくり返しているうちに，演技が自然にできるようになるからでしょうし，豊かな内容をもっているからこそ，あそびがくり返し続くのでしょう。子どもたちが次々と同じテーマで表現していくということは，時間の経過によってその表現がくり返される度に，子どもの中で新たな学びや発展があることが一番大きな理由です。一方，あそびの進展を見ている保育者も，表現の過程にかかわっている間に，ある種の感情移入が行われ，子どもに共感を覚えて感情が理解でき，工夫の跡に感動するのでしょう。この過程ではコミュニケーションが多くあったでしょうし，身体表現を通しての交流も多くあったに違いないのです。

⑥**見立て行為**

　見立てに関するもので小道具・大道具・場面などの見立てがあります。道具の見立ては，ケント紙を細かく切ったものを雪に見立てたり，段ボールの箱を船に見立てたり，パラバルーンを池に見立てます。場所の見立てはジャングルジムの周りをジャングルに見立てて自分はターザンになってあそんだというようなものです。

　見立ては子どもに多く見られる行動です。子どもの表現活動の中に様々な形になって現れますが，自分の身の周りにあるものから，本物と考えられるものにうまく見立てを行ってしまうことに保育者は豊かさを感じるのです。「見立てが盛んにできる子はなりきることができる演技派の子どもたちである（中沢，1979，p.170.）」と言われ

ますが，反対に見立てが多く見られる年齢と知っていながらも，そこに豊かさを感じてしまうのは，形が少し似たところから，自分の知っている知識をかき集めてイメージを形成してしまう瞬間的な創造力に感動してしまうものと思われます。そして，それが保育者にも理解できることや感動できるという，共感の感情があり，それがわかる保育者としての資質が必要になってくるのです。

⑦知的な発展

自分で考えて動きを操作するものです。これは1・2歳児には見られませんが，どちらかというと年長児に多く見られます。担任の先生とそっくりの動きをし，その観察力の鋭さに豊かさを感じたり，何かが冒険する様子を想像して表現したり，科学的な資料をもとに動きが発展していくようなものに豊かさを感じるというものです。

知的な発展については，新しい動きの発見，想像を働かせて動いたとき，工夫して表現したとき等，知的な大脳の働きを動員する必要があり，それを使って構成していく知力に驚かされるのでしょう。これは子どもの心的な発達を確認できたことへの感動があったものと思われます。

2 「身体表現の豊かさ」の年齢的特徴

全体として，保育者が考えている子どもの「豊かな身体表現とは何か」を考えるために7つの要因が占める割合を調べてみました（図1-1参照）。「表現そのもの」に関するものが一番多く，豊かな身体表現のキーポイントはここにあるものと思われます。「心の表出」に関するものは次に多く，「子どもの態度」に関するもの「時間的な経過」に関するものと続きます。「集団で表現」・「見立て行為」・「知的な発展」は極端に少ないです。年齢によって豊かさを感じるところに特徴があるので，その詳細を見てみましょう（図1-2参照）。

1歳児：図1-2では「表現そのもの」と「心の表出」と「子どもの態度」に関することに対して感じる豊かさの3個に限られますが，特に多いのが「心の表出」です。

2歳児：1歳児に加えて，「時間的な経過」に関するものの記述が現れます。2歳児では「表現そのもの」，「心の表出」，「子どもの態度」，「時間的な経過」に関するものの4要因に限られますが，「表現そのもの」と「心の表出」が多いのが特徴です。

3歳児：3歳児になると2歳児の4要因に加えて，さらに「集団で表現」するときに豊かさを感じるものが出現します。「表現そのもの」に関す

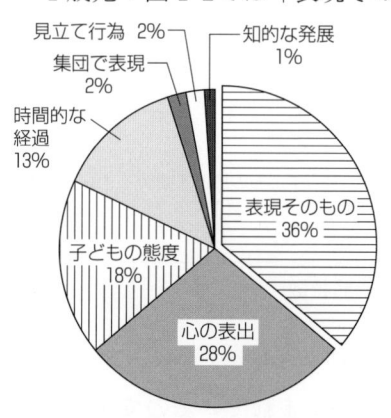

図1-1　幼児の身体表現における「豊かさ」を構成する要因
出所：古市，1996, p.27.

第Ⅰ部　身体表現とは何か

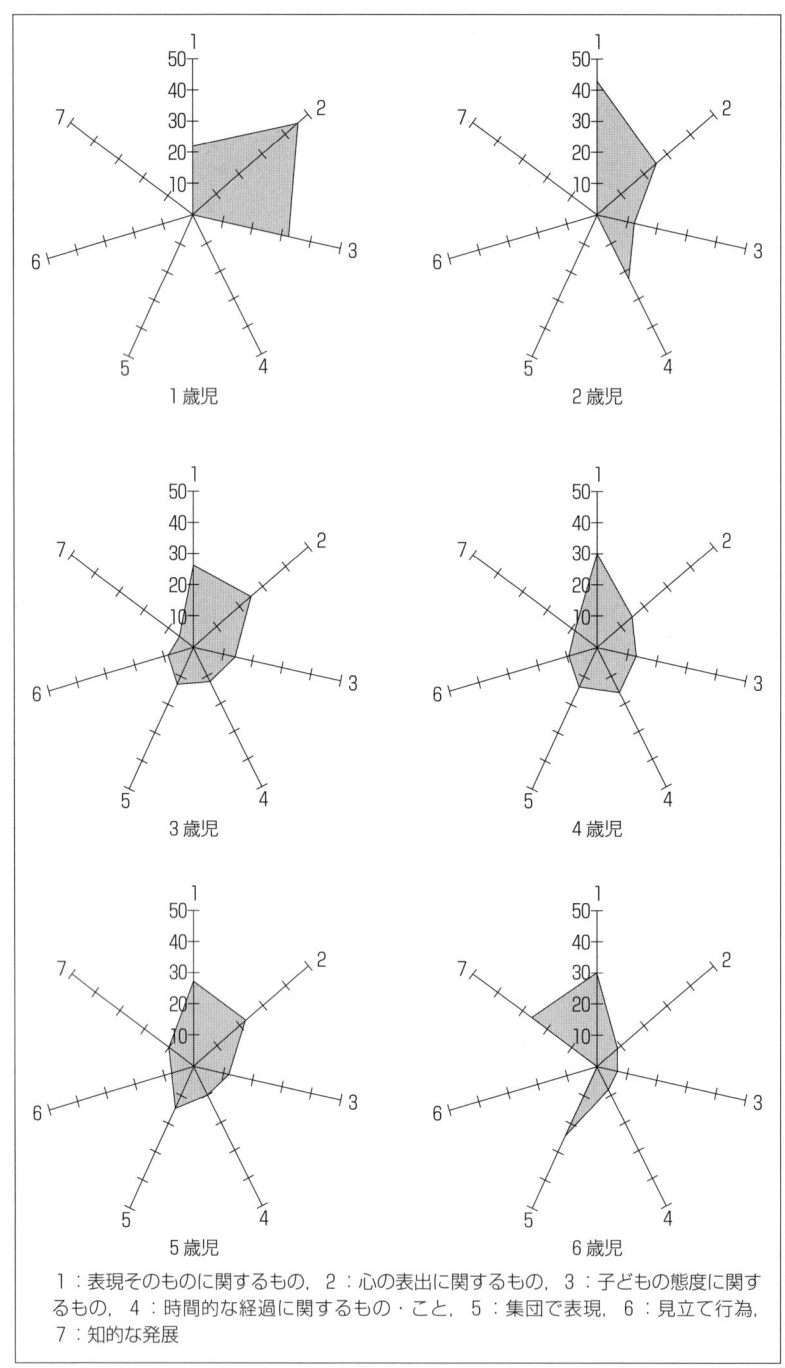

図 1-2　「身体表現の豊かさ」の年齢的特徴
出所：古市，1996，p.28.

ることでは模倣が好んで行われるようになることが多く含まれているのです。3・4・5歳児はその配分に差はあるものの7つの全ての要因にわたり豊かさを感じることができます。

4歳児・5歳児：3・4・5歳児は似たような様相を示します。1・2歳児には見られない「集団で表現」することに加えて，「見立て行為」についてのものが出てきます。

6歳児：「表現そのもの」に豊かさを感じるものも同じくらい多いですが，この年齢の特徴は「知的な発展」が特に多くなることです。

子どもの発達的様相と並べて考えてみると，表現力を育てるのに，どのように接していったらよいかのヒントになるのではないかと考えます。

3 身体表現を支えるもの

身体表現はリズムと表現という2つの側面があります（図1-3）。リズムと表現はその両方が人間の根源にかかわるものです。日常では心理的・生理的に直接的な結びつきをもっており，その身体感覚が幼児の心を即興的に活性化していくという点で身体表現は子どもの今を表しているのです。それではどのような点でリズムと表現は身体表現を支えているのでしょうか。

「表現は心の表出とそれをキャッチした他人が理解し，再び表現して返す一連の過程を含む総称だと考えることができます。一方的なエネルギーの発散だけでなく，表現は何らかのフィードバックが必要なのです。一人で楽しんで表現する場面もあることはありますが，それは，表現された結果に文化的な価値を自分が認めた時に存在する概念であると思います（古市，1995，pp.78-97.）」。ここに双方向的な関係が必然的に出てきます。保育者は折々のしぐさから幼児の心を理解していかねばなりません。「子どもたちの意味のない生理的な微笑も私たちはメッセージにしてしまう。そうした経験を通して表出を表現に置き換えていくことが学ばれていくのです。表出はそこに意味を感じ，意味を見出しながら受けとめてくれる人がいることで初めて表現性を帯びてくる（黒川，1989，p.3.）」ということなのです。身体表現には誕生後から，いいえ胎内に居るときから双方向的な回路が介在しているのです。

表現は感動がもとになっていると言われます。感動，つまり心が動くためには，まず，感じることが必要です。そこにはもの，こと，人などが存在し，互いの交流があり，そこに感じるという事象が起きてきます。それらは体験となって，次の表現につながっていきます。この表現回路がスムーズに

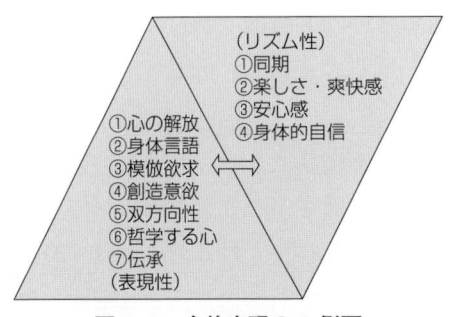

図1-3 身体表現の2側面
出所：筆者作成。

なり、表現したことが友達・保育者のかかわりで認められていくことはこの上もない喜びになり、それが社会化への入口にもなります。

　身体表現の教育は、音楽との共通基盤であるリズム教育として行われてきました。もともとは音楽のリズム感をよくするためのものであったのですが、19世紀後半のダルクローズのユーリトミック、カール・オルフのシュールベルク、ハンガリーのコダーイシステム等がわが国のリズム教育に影響を与えました。リズム教育は、あらゆる表現の基礎となるだけでなく、自己の行動をコントロールする感覚訓練としても大きな意義をもち、「身体と精神の一致」をはかる人間教育と考えられてきました。また、知的な発達の基礎として大きな役割を果たすことは多くの人が経験済みです。「リズムは哲学である（中村、1999、p.19.）」という哲学者もいます。それほど人の根源にかかわるものなのです。そこでリズム性と表現性のもつ意味について述べていきたいと思います。

1　リズム性

①同期する

　人はもともと固有のテンポをもっており、テンポ感覚はリズム感の発達に深い関係がありますが、その基盤は生理学的なものにあるとされています。テンポ感が刺激のリズムに合致できることは、環境の流れに乗りながら、自分を生かしていくということで、快感を生みます。同期する快感を味わうことがリズム感の発達では大切になります。

　合わせることの快感はおそらく生理学的な基盤に基づくものでしょう。しかし、この快感が動きの回数を増やし、そのことが心身の発達まで促すとしたら、合わせる楽しみを提供するのは大変よいことです。みんなとリズムを合わせることは、人と人との共感を得る基本的な体験にもなり、集団への帰属の喜びにつながります。

　幼児は身体を通して世界とつながっている部分が大変多いのです。身体表現を自由に操れることは子どもが生きるためにも必要なことなのです。したがって、身体が硬直していたのでは、疎外感を感じてしまいます。同期する機会をもつことが楽しくて、身体表現をしている間に社会とのつながりができるという方法は、幼児には非常に適しています。

②楽しさ・爽快感が得られる

　リズミカルなくり返しの刺激は生理的・心理的爽快感を与えます。心地よい感覚を提供する、これがリズムの役目なのです。リズムは同じ調子がくり返されるので、最初は意識して反応しますが、そのうち慣れてきます。それが長く続くとうたは「音波という機械的刺激として耳に受け止められ、感覚信号として脳へ送り込まれるが、踊りも、皮膚や筋肉や関節などに加わるリズミカルな機械的な刺激の効果をもっており、

それらの部位にある感覚器でうけとめられて脳へ送り込まれる信号は、同じように、新皮質系の活動を弱める（時実，1962，p.143.）」と言います。つまり，リズムという要素は新皮質系に対して鎮静的・麻痺的な効果を及ぼすのです。祭りのうたや踊りがだんだんと呪術的な色を帯びていくのはこの作用があるからなのです。

爽快感は子どもが楽しんで繰り返すことを引き出します。結果は動きが上手になり，行動がなめらかにできるようになります。それだけでなく，達成感ももたらします。

③安心感がある

「太古の魚も水中を伝わってきた外界の変化が，くり返しの周期が安定していれば，危険が少ないと感じたと思いますが，普段のリズムが乱れれば，それに対処する必要が生じます。すなわち身体は臨戦態勢に入るのです。また，安心・信頼を紡ぎ出すリズムには，心地よさが重なります。赤ちゃんは胎児の間，お母さんの心臓の音を聞き続けて生まれてくるのです（小泉，2010，pp.6-7.）」と，小泉は脳科学との関係から，リズミカルな響きは生体に安心感をもたらすと言います。

集団や社会の中では，コミュニケーションがうまく行われると安定します。コミュニケーションにはある種の技術を学ぶ必要がありますが，リズムを合わせることは自らが楽しみで行い，結果としてみんなと合わせることができ，そのことがきっかけになって集団に溶け込めるのです。集団欲は大脳辺縁系で生み出される本能に近いものです。赤ん坊は肌のふれあいからその欲求を満たし，幼児は保育者や友達とのふれあいからそれを実感します。幼稚園・保育所を幼児にとって安心できる存在場所にするために，リズムあそびや表現を通して，同期した喜びや達成感を共有することです。そうすれば，コミュニケーションへの意欲もわき，そのことが社会への帰属の導入になり，心の安定をもたらすとしたら，リズム感の育成をもっと教育に取り入れてもいいのではないでしょうか。

④身体的自信につながる

表現は身体の外に出るものです。一度外に出たときは，他の人が目にして反応を返します。ことばや考え方についての反応は様々ですし，年齢が大きくなってくると，自分に対するプラス・マイナスの両方の反応があってもそれをちゃんとコントロールして受け止めていけます。幼少の頃は，何をしても表現には正解がないから，自分の思うままに表現していいんだよ，と示していくことです。身体表現では，難しく考える時間も空間も必要がありません。保育にかかわる人が，その子どもの表現に対して丁寧に応えていけばよいのです。そのことによって，子どもは身体的に自信をつけていきます。このことが，他のことにも応用されれば，身体表現の大きな目標の一つは達せられることになります。

私たちの学習，特に記憶したいことでリズムを利用したものが多くあります。$\sqrt{2}$を「ひとよひとよにひとみごろ」と唱えなければ1.41421356などと覚えていられる人

は少ないでしょう。歴史の年代もリズムで覚えた記憶があるのではないでしょうか。子どもがあそぶリズミカルな口調は，数を数える「ひとつ，ふたつ，みっつ……」というリズムを容易に言える練習にもなっているのです。無理に数字を教え込むのではなく，子どもの細胞に数を数えるリズムを体感させているのです。

　表現性が大きいものは少し無理だと思う子どもでも，リズムを合わせていくことは簡単にできます。もし，表現全体が十分できなくても，合わせることに熱中する瞬間に心が解放されて，リズムという一部分ができたことで，表現すべきことを見る余裕が出てきます。やがて動きをリズムに乗せることに成功することになり達成感を持つことができます。

　ことばにはリズムがあります。同じ内容を話していても聞きやすい話し方と聞きにくい話し方がありますが，リズム感がよい人の話は上手に聞こえます。世の中でお話し上手な人の中には運動のうまい人が多いのはそれが理由です。身体のリズムに合わせて声も同期して動き，それがその人の特性になってしまったのでしょう。リズム感は幼児期に大きな発達をすることを考えると，大事にしてほしい概念です。

2　表現性

①心の解放

　身体表現は身体を心の翻訳機として，心の中にうずまくエネルギーを発散させる過程を見ることです。ことばが自由にあやつれない幼児にとって身体を媒介にした表現は，心を解放させる大切な手段となります。身体表現についてよく「心の解放」ということばが使われ，筆者も長い間このことを考え続けました。最近，決論を出しました。それは，一生懸命に何かに熱中しているときにこそ，心が解放されるということです。

　科学の本に関する書評集で，科学への興味を喚起してくれる本を100冊ぐらい紹介した『科学の栞』という本があります。その中で『ハッピーになれる算数』という本を紹介している瀬名は，「何かに没頭しているとき，人間の脳は最も自由になるそうだ。つまり，ルールを味方につけて難問に挑戦するとき，ぼくたちは好きな音楽や本に没頭する瞬間と同じく自由なんだ（瀬名，2011，p.191.）」と，述べています。まさに，何かに心を向けているときなのです。身体表現でいうと，「なりきったとき」なのでしょうか。表現者と表現することとのあまりにも見事な一致が見られるときなのです。

②身体言語

　身体表現が身体言語としての役目を果たすことは，幼い子どもの生活を見ていると容易にわかります。2歳児が「先生，お水がこんなの」と言いながら両手をひらひらと揺らします。それは「先生お水がきらきら輝いているよ」と話してくれているので

す。どのようなことばよりもよく伝えていると思いませんか。

「子どもたちの特色の一つは，その活動性にある。彼らは音声言語に優るものとして『身体言語』を巧みに操るもののようだ。『ねる』は大地に親しい子どもの特性であり，『跳ぶ』は大地から離脱し，上昇と飛翔を志向する。『めぐる』は彼らに固有の空間制覇であり，『ほる』は地下という不可視の世界とのかかわりである（本田，1980，pp.4-6.）」と本田は動きから子どもの心を見ています。

身体表現の初期においては心の動きが十分形になって表れてきません。しかし，ちょっとした身体の動きにも大きな心の動きが含まれているのです。絵画の初期には頭足画を描いていた子どもが手足を付けるまでに時間がかかるように，手足が十分伸びて表現するまでには時間がかかるのです。

幼児期はオノマトペ（擬態語・擬声語・擬音語）を頻繁に使います。身体の動きをイメージしたオノマトペは，幼児がことばを自由に操れることを待つまでもなく，自分の身体の動きに近いことばで，十分に話をしていることがわかります。それは子どもが身体を表現手段として自由に使いこなしている証拠でもあります。子どもたちの世界はオノマトペであふれかえっています。それはコミュニケーションのツールにもなるくらいです。その流れにのるための準備と発展がリズムあそびの中にあるのです。年少児では『もこ　もこもこ』（谷川俊太郎作・元永定正絵，文研出版，1977年）の絵本を見て身体で表現するのを喜びます。また，表現あそびでのオノマトペの使用は，子どもの表現を生き生きと刺激します。なぜなら，オノマトペは身体の動きをことばで表したものだからです。子どもたちが心の表しを身体表現で補うことを考えると，幼少の頃はオノマトペの時期と言われるのは当然だと思われます。

③模倣欲求

いろいろな体験が心を揺るがし，それを表すことが表現のように思われていますが，模倣も大切な表現の勉強です。私たちの生活は大なり小なり模倣の産物でもあります。模倣を否定すれば，教育の効果を否定することになりかねません。動作の模倣は生後の早くからその能力があり，表現には欠かせない側面であることがわかります。しかるに，今までは「子どもから引き出す」ということばに心を奪われた誤った解釈で，適切な模範が示されてこなかっただけでなく，模倣がよくないことと受け取られるむきもありました。ここで，模倣の意味をもう一度問い直したいと思います。

表現で模倣をする子がいたら，模倣したいという気持ちが揺らいだのです。それは，模倣する価値を見抜けたことにもなるのです。模倣ということばはかつてはマイナスのイメージがありましたが，表現の大事な体験なのです。それは楽しむための一つの手段でもあります。盆踊りの楽しさはまさしくその最たるものです。同じ動きをそこにいる人たちがみんなで共有し，踊っているのです。それは，歴史というフィルターを潜り抜けて今に受け継がれてきた「動きの形」なのです。そこには，「動きの形」に

姿を変えた人の思いが込められています。一般に民族の伝統的な踊りなどは同じ動きでも，一人ひとりの表現に味が出てくるのは，このような理由によるのではないでしょうか。そして，これは伝統的な動きを模倣してこその楽しさです。

④創造意欲

創造とは新しいものを創り出すことです。私たちは生まれたときからことばを聞き，五十音を習って書き，文章を読んで楽しみ，多くの学習の結果，作文という創作物を創ることができるようになります。しかし，身体表現は幼少の頃にいきなり，創ることを要求されます。これからの教育では創造性の教育を視野に入れたカリキュラムを作成し，創造意欲を駆り立てるものを用意する必要があるでしょう。真似っこでも，そこにもその人なりの創造はあるのです。ましてや，何の基礎もない子どもたちです。見よう見真似を楽しんでいる子どもには十分それを楽しませてあげてはどうでしょうか。そうしているうちに，必ず新しい創造物が生まれます。何よりも，幼児期は，表現することの楽しさを感じるときです。表現しながら，周囲との距離感をつかみ，自分流に考えて身体を動かしていくことで，その一歩は始まるでしょう。身体表現ではその模倣の過程で個人の中で質的に変化したものを創造物と見ている研究者は多いのです。

また，全く新しい創造物としての身体表現もあります。要は創造する，できたということに喜びを感じられるような対応を保育者がしていく必要があるということです。

⑤双方向性

子どもたちは幼少の頃，大人の力を借りてコミュニケーションを可能にします。集団生活の中で，必要なことばを学び，表現するタイミングを身につけて，自分一人でできるようになるまでに，多くの経験が必要です。リズム表現は人の心の流れやタイミングを学習する機会になります。

表現遊びは何気なく行っているようですが，互いのコミュニケーションを図る力を育んでいます。子どもの頭はフル回転です。全身で聞いて，全身で反応します。それを場合によっては一日に何回も行います。対話や人間関係のやり取りのタイミングや反応すること自体を楽しんでいるのです。例えばじゃんけんゲームの入った『ジェンカ』は何回やっても楽しいです。子どもは楽しさにつられて何度もあそびを重ねることで，力をつけていきます。

身体表現をやるぞ，と決心することはいいのですが，そのことによって気負いが出てしまい，その結果，恥ずかしさや余分な緊張感をもたらしてしまうことがあります。しかし，表現せざるを得ないような状況をセットすれば，気がつかないうちに全身で表現し返していることになります。この方法を上手にやっていける保育者は身体表現の上手な導き方をしていると言えます。

双方向性の方法は一対一の場合は比較的簡単にできますが，保育者一人と子ども達

大勢では，ちょっとしたテクニックが必要です。教材の選び方，ことばがけ，教材の提示順序，指導者の表情など，工夫次第で効果が得られるのです。この本では随所にその方法を示しています。

⑥哲学する心

　劇あそびでは自分と違った立場を生きる体験をし，他人の世界を生きることができます。それは自分以外の友達のことを知らず知らずのうちに理解する機会になるのです。それは生きる哲学を実践する機会なのです。だから，保育者は出来上がりのよさに心を奪われてはいけません。役柄の良し悪しを親が選んだりすることは全く意味をなしません。子どもは心の中を覗きたい役柄を選択するでしょう。例えば『3匹の子豚とおおかみ』の話ではおおかみは子豚に何を求めていたのだろうと，狼の言い分も考えることができれば素晴らしいです。時間をかけて，子どもが今表現しようとしていることを十分表現できるように励ますことが大事です。

　身体表現することで，気持ちまで変えてしまうという不思議なことがあります。手をつなぐのはなぜかうれしい気がします。少し恥ずかしいけれど手をつないでしまうと，ホットな気持ちになるのです。しかし，最近人とつながれない子どもが出てきました。フォークダンスで異性と手をつなぐと気分が悪くなる若者に出会ったことがあります。フォークダンスは人と手をつなぐことが多いですが，小さい頃の体験の中に"つながる"というパイプが開かないまま育ったのでしょうか。つながるということは信頼関係を長くもちたいという心の表れです。その心が少ないのでしょうか。

　つながることは信頼感や安心感を強めます。保育者だけでなく，いろいろな友達とつながることを体験することはとても大切です。ステップの易しいフォークダンス『シューフライ』のようなものは最適です。手をつなぐ動きだけでなく，他の動きや可愛いステップがいくつか入っている『タタロチカ』のようなものなら，一部分だけ手をつなぐことでもいいと思います。保育者の創造力が活躍するときです。

　生きるための根源的な力であるリズム表現はいわゆる五感だけでなく，第六感，第七感が育つと言われています。ルソーは「第六感というものを提唱しました。それは特別な器官が存在するのではなく共通感覚（ルソー，1962，p.270.）」というべきものです。リズム表現は歌って，身体を動かして，友達と交流する等，あらゆる感覚を使用することになります。さらに，正木健雄は「第六感に加えて第七感として，今自分がどのような姿勢をしているのか，筋肉や腱からの情報をもとにした筋肉感覚，自己感覚（正木，1984，p.26.）」を提唱しています。これらは全て子どもの身体を使い込んで身につけていくものです。現代のように，コンピューターやテレビの前に何時間も座るような生活様式では育たないものです。身体を自由に広範囲に動かせることと，動くことが楽しくなる環境を用意することが保育者の役目なのです。

⑦伝承あそびの効用

　最近は異年齢を意識した保育があたりまえになりました。兄弟関係からの学びは育ちにとって大切です。兄弟関係が豊かでない現状では，集団教育の場でそれを補う必要があります。異年齢集団では自ら進んで学びへ向かう動機づけがたくさんあります。お兄ちゃんやお姉ちゃんのやっているすごいことをいつか自分もやってみたいという気持ちに駆られます。これこそ，教育の動機づけの最高位に位置するものです。実際，あそびに参加すると，やり方が理解でき，実際にやれるようになるので無理がありません。鬼ごっこ・かごめかごめ・あぶくたった・花いちもんめなどの中には，鬼につかまらないように逃げるときの緊張感や，花いちもんめで指名されたときの気恥ずかしさ，鬼になったときのつらさなど，心の動きも同時に体験できます。最近では地域であそぶ機会の減った子どもに伝承あそびの指導を，集団の場で行うのはあたりまえになってきています。

　行事の中では表現の機会がとても多いです。行事では季節に合ったうたや踊りがあるからです。お正月のうた，ひな祭りのうた，子どもの日のうた，お誕生会のうたなどから，子どもは伝統的な背景を知り，人の暖かさを心に感じながら歌ったり踊ったりします。はっきり表現という形をとるもの以外に，子ども達の表現を育てている場面がいくつもあります。行事を通してのゆったりした一年単位の循環性は子どもに季節の到来を教えます。もちつきのリズムはおいしさとともに記憶に残ります。

　文化の伝達は国際理解を深め，我が国の「伝統と文化を尊重し，それらをはぐくんできた我が国と郷土を愛する態度を養う（学校教育法第21条第3項）」ためにも大切です。日本の文化を身体表現で体験することで，子どもが得る価値は多いです。あそびの歴史的な意味や，生活を知ること，古来からのなつかしいリズムの流れを心地よく感じること，現代には見られない珍しい動きやユーモラスな表現，とぼけた対話から感知する楽天性，新しい心理空間の設定からくる仲間との連帯感，新しい自分の発見等，教材自体のよさがあります。

　また，世代間の交流をする場としても考えることができます。日本ほど自国の文化を子どもに伝える努力を怠っているところはないと思います。例えば盆踊りです。何故すぐ，流行もののアニメソングになってしまうのでしょう。見よう見真似でおとなの動きをやってみる機会があってもいいのではないでしょうか。

　最近，懐かしい日本の童謡を歌うことがブームになっています。アニメソングや速いテンポの歌が多いように思いますが，落ち着いた日本の心を歌う機会ももってほしいものです。『うさぎ』『しょうじょう寺のたぬきばやし』『月』『雪』『ことりのうた』『お馬』『ゆりかごのうた』等やさしいものがいっぱいあります。お年寄りとの交流で一緒に歌ったらきっとよい時間が共有できるでしょう。

4 双方向性こそが身体表現力を育てる

1 表現は表現することにより磨かれる

　表現は表現することによってのみ，磨かれていきます。表現に対して他人が返してくれる。それに対して表現を返す。これを繰り返しながら，自分と他人の距離を測っていくのです。この繰り返しにより磨かれる表現力は，表現する以外に学ぶ場所はありません。自分と他人の距離をどのようにとるか，どのようなパイプにするのか，距離を縮めていくのか離れるのか，それは，表現してみて初めてわかるものです。表現をくり返すことで，表現のパターンを知り，自分なりにファイルにとじこんでいくのです。身体表現力はこの体験の多さと，パターンの集積にかかっています。じっとテレビの前でゲームに興じていたのでは，全く身につかない能力なのです。

　表現はたとえそれが真似であれ，独自のものであれ，表現する機会をもつことは次の表現への第一歩になるのです。ですから，子どもの表現で上手下手を気にするのは正しくありません。表現する意欲をもち，表現されればそれでよいのです。

　もし，表現しない子どもがいたとしても，じっと観察しているならば問題はありません。頭の中で表現のイメージをファイルにとじこんでいるのです。映像がファイルに残ること，それは実際に動く前に「さあ，動くよ」と手足の位置を教えてくれる教科書になるのです。実際やってみると，自分のもっていたイメージ通りにはいきません。しかし，そのずれが，また，次の表現意欲につながるのです。そのうち，いつかは自分の身体を使って表現できるようになります。

2 表現するときの恥ずかしさから脱却する

　身体表現でもっとも気をつけなければならないのは「恥ずかしい」という気持ちです。この恥ずかしさからの脱却がキーポイントになります。小さい頃は平気だった子どもも，教育を受けて年齢が上がるにつれて，恥ずかしいという気持ちを持つようになります。

　ニューテクノロジーと人間の深層心理の関係を研究しているクレイグ・ブロードは「日本の学習は恥をかかないために教師の教えを守り，与えられた課題をこなしていく文化であるので，恥をかかないように，引っ込み思案になる（クレイグ・ナンシー，1993，pp.32-33.）」というのです。恥をさらす機会になるような表現をわざわざする必要はないのですから，黙っていればそれでよかったのです。しかしそんな時代はもう終わりました。今もっとも期待されるものは"表現力"なのです。日本の表現教育の第一歩は，まず表現しても恥ずかしいことなど何もないことを幼児期に身体に刻み込ませることだということを，ここでもう一度確認しておきます。既成の学習ではな

い表現こそ，幼児期の大切な領域となり得ると確信します。

　音楽のようにすでに存在するものについては，みんなと一緒に歌える楽しみがすぐに得られ，自分だけが突出するものではないので，参加しやすいです。造形のような表現では，自分だけの楽しみから出発し，自分の世界に入っていけます。他人に見せるも見せないも自分次第です。しかし，身体表現は，音楽のようなお手本があるわけではなく，造形のように，自分だけの世界を作れるわけでもなく，表現したものがすぐみんなの目にさらされてしまうので，恥ずかしさが大きいのです。また，周囲からの反応も気になるところです。幼児においては，表現ツールの蓄積もなく，どのように手足を動かすのかわからず，とまどってしまいます。さらに，自分流に表現して，みんなに認めてもらえるかどうかという不安が，恥ずかしいという気持ちに転化されてしまうのです。しかし，双方向性を意識すると，求められたことに応えるという，一種のコミュニケーション状態が生まれます。コミュニケーションですから自分流に返事をすればいいのです。このように，表現の双方向性を導入すると，必要に迫られてごく自然に対応してしまい，恥ずかしがっている間はありません。この視点から身体表現を行えば，子どもの身体表現力は飛躍的に伸びるものと考えられます。

3　真似るは学ぶ

　私たちが身につけている行動様式はすべて真似て学んだものの集積です。あらゆる行動・言動を見本・手本として，いつのまにか自分の中に取り入れていくものです。したがって周囲の言動はそのままの形で伝わっていきます。集団生活に入った子どもは家庭で育んだ表現力を互いに真似合いながら，その集団の中での集団言語としての表現を作っていくことになります。そして，さらに，その集団の伝統的な行動様式が加わっていきます。身体表現ではふれあいあそびを通しての真似る学びが多くなり，それはすぐに，確実に伝搬していきます。

　家庭でのあそびと違う所は，友達との双方向的なぶつかり合いの中で学びが発展していくことです。身体表現ではそのあそびで自分が表現したから終わりではありません。必ず，相手は何かを感じ思ったことを返してきます。そこで，新たな表現が生まれることになります。

　表現は確かに結果的に「子どもの心を引き出す」ことになりますが，それが先行すると，子どもだけでなく保育者も，窮屈で自由度が少なくなってしまいます。双方向性のやり取りは保育者の心の負担も軽くします。

4　表現することは自分の位置を確認すること

　表現することは多くの他人の中で，自分のいる位置を確認することです。一緒に歌えばうたを知っている仲間がいることで，合わせて一つのことを行った満足感も得ら

れます。一緒に身体表現すれば，動くことの快感をみんなで確認でき，気持ちの安定を図ることができます。踊りができない場合も見ていればいいのです。踊りたくなるまで，見ていれば，いつか，踊りの輪に入る準備をしているのです。踊っているイメージができてくると，後は誰かに誘われたら，すぐ手足が動くようになる時期まで来ているのです。長時間踊っていますと，確実に恥ずかしさや，気負いがなくなってきます。そのうち，周囲のことが全く気にならなくなり，"無"の境地になるというのはこのことかなと思えてきます。この快感は長時間踊りつめたものだけが知る境地なのかもしれません。

　反対に，表現できない場合は，自分と外部の間を隔てる殻がとり除けず，心との葛藤をしていることになります。やがてそれは心の中まで浸透して，その場にいることが苦痛になってきます。そのようにならないように，見ることだけでも，十分に身体表現に参加していることだと，保育者が認めていくことです。

5　表現はいつでも，どこでもできる

　双方向性の表現は，身体表現の場面だけでなく，いつでも，どこでもできます。日常保育の挨拶，お話，必要な伝達など，随時やりとりができるものです。また，信頼関係があれば，誰にでもできます。子どもは保育者からの問いかけに答えてくれるだけでなく，自ら進んでいろいろと語りかけてくれます。身体とことばの表現から，子どもの心を読み取ることが大事です。

　保育活動では，中心になるあそびだけでなく，導入部分を丁寧に行うことで，多くのやりとりができます。身体表現活動への導入部分を丁寧にかつ工夫することは，主活動における双方向性の保育効果をさらに高めます。活動中の表現のやり取りは，この本でも多くのページを割いて紹介していますので，参考にしてください。また，主活動を終える部分にも，子ども達の表現力を育てる活動があります。工夫次第でどこでも行えるものです。

　いつでも，どこでもできる身体表現の仕方ですが，楽しんでやりとりしているだけで，技術も必ず上達します。

引用・参考文献

麻生　武『身ぶりからことばへ』新曜社，1992年．

B. クレイグ・L. ナンシー（著）戸田眞澄（訳）『クリエイティブ・チャイルド――こどもの創造性と日本の未来』ビジネス社，1993年．

C.G. ユング（著）A. ヤッフェ（編）河合隼雄・藤縄　昭・出井淑子（訳）『ユング自伝2――思い出・夢・思想』みすず書房，1973年．

古市久子「幼児教育における身体表現」氏原　寛・東山紘久（編著）『幼児保育とカウンセ

　　　　　リングマインド』ミネルヴァ書房，1995年．
古市久子「幼児の身体表現における『豊かさ』の概念について」保育学研究，**34**(2)，1996
　　　年．
本田和子『子どもたちのいる宇宙』三省堂，1980年．
小泉英明（編著）『乳幼児のための脳科学』かもがわ出版，2010年．
黒川建一「表現する子どもたち」発達，**37**，1989年．
正木健雄（編著）『子どものからだづくり』全国社会福祉協議会，1984年．
中村雄二郎『哲学の五十年』青土社，1999年．
中沢和子『イメージの誕生──0歳からの行動観察』NHK出版，1979年．
ルソー（著）今野一雄（訳）『エミール（上）』，岩波書店，1962年．
瀬名秀明『科学の栞──世界とつながる本棚』朝日新聞出版，2011年．
時実利彦『脳の話』岩波書店，1962年．
W. ヴント（著）中野善達（訳）『身振り語の心理』福村出版，1985年．

第2章　身体表現の考え方

1　幼稚園教育要領・保育所保育指針の考え方

■1　幼稚園教育要領に見る「身体表現」

　子どもの育ちを支援していくためには，どのような指針をよりどころにすればよいのでしょうか。子どもの環境は子どもの周囲にかぎられるので，狭い範囲での指針でよいのかというとそうではありません。それは子ども本来の発達的特性があり，その国特有の環境があり，将来おとなになっていく道筋に沿っていかなければならないのです。それは子どもという「人」に共通の理念でもあります。そこで，国は現在の教育・保育の質の向上や充実をはかるためのガイドラインを創っています。そこでは幼児教育を大切にしつつ，小学校の教育につながり，将来豊かな生活に続くような道筋をつけられるように，必要な事項を決めているのです。それが，学校教育法，幼稚園教育要領・保育所保育指針に謳われているねらいや内容です。日本における全ての幼稚園・保育所はこの規則にしたがって教育・保育を行っています。

　さらに，幼児教育に関する研究，発達に関する研究などの成果が反映されたり，歴史の歩みと共に，これらの規則も見直されたりして，改正されてきました。保育内容は5つの視点，「健康」「人間関係」「環境」「言葉」「表現」がありますが，身体表現に関係の深い「表現」について見ていきたいと思います。以下は2009年に施行されたもっとも新しい幼稚園教育要領・保育所保育指針です。

①**幼稚園教育要領にみる「表現」**

　2007年，学校教育法に初めて「身体による表現」ということばが登場しました。学校教育法ではその第3条，幼稚園についての第22条に，「幼稚園は，義務教育及びその後の教育の基礎を培うものとして，幼児を保育し，幼児の健やかな成長のために適当な環境を与えて，その心身の発達を助長することを目的とする」とあり，第23条「幼稚園における教育は，前条に規定する目的を実現するため，次に掲げる目標を達

成するよう行われるものとする」として，次の5つをあげています。
1．健康，安全で幸福な生活のために必要な基本的な習慣を養い，身体諸機能の調和的発達を図ること。
2．集団生活を通じて，喜んでこれに参加する態度を養うとともに家族や身近な人への信頼感を深め，自主，自律及び協同の精神並びに規範意識の芽生えを養うこと。
3．身近な社会生活，生命及び自然に対する興味を養い，それらに対する正しい理解と態度及び思考力の芽生えを養うこと。
4．日常の会話や，絵本，童話等に親しむことを通じて，言葉の使い方を正しく導くとともに，相手の話を理解しようとする態度を養うこと。
5．音楽，身体による表現，造形等に親しむことを通じて，豊かな感性と表現力の芽生えを養うこと。

と豊かな感性を育成することと表現力の芽生えを中心の目標においています。

さらに，第21条では「教育基本法（平成18年法律第120号）第5条第2項に規定する目的を実現するため，次に掲げる目標を達成するよう行われるものとする」として，

3．我が国と郷土の現状と歴史について，正しい理解に導き，伝統と文化を尊重し，それらをはぐくんできた我が国と郷土を愛する態度を養うとともに，進んで外国の文化の理解を通じて，他国を尊重し，国際社会の平和と発展に寄与する態度を養うこと。
9．生活を明るく豊かにする音楽，美術，文芸その他の芸術について基礎的な理解と技能を養うこと。

と文化との関係に触れています。ようやく，その重要性が法的に確認されたと思えます。さらに，幼稚園教育要領では1990年に公布された「表現」が2011年に以下のようになり，さらに創造性まで視野に入れていることに注目したいと思います。

表現
　感じたことや考えたことを自分なりに表現することを通して，豊かな感性や表現する力を養い，創造性を豊かにする。
1 ねらい
（1）いろいろなものの美しさなどに対する豊かな感性をもつ。
（2）感じたことや考えたことを自分なりに表現して楽しむ。
（3）生活の中でイメージを豊かにし，様々な表現を楽しむ。
2 内容
（1）生活の中で様々な音，色，形，手触り，動きなどに気付いたり，感じたりするなどして楽しむ。
（2）生活の中で美しいものや心を動かす出来事に触れ，イメージを豊かにする。

（3）様々な出来事の中で，感動したことを伝え合う楽しさを味わう。
　（4）感じたこと，考えたことなどを音や動きなどで表現したり，自由にかいたり，つくったりなどする。
　（5）いろいろな素材に親しみ，工夫して遊ぶ。
　（6）音楽に親しみ，歌を歌ったり，簡単なリズム楽器を使ったりなどする楽しさを味わう。
　（7）かいたり，つくったりすることを楽しみ，遊びに使ったりなど，飾ったりなどする。
　（8）自分のイメージを動きや言葉などで表現したり，演じて遊んだりするなどの楽しさを味わう。
3 内容の取扱い
　上記の取扱いに当たっては，次の事項に留意する必要がある。
　（1）豊かな感性は，自然などの身近な環境と十分にかかわる中で美しいもの，優れたもの，心を動かす出来事などに出会い，そこから得た感動を他の幼児や教師と共有し，様々に表現することなどを通して養われるようにすること。
　（2）幼児の自己表現は素朴な形で行われることが多いので，教師はそのような表現を受容し，幼児自身の表現しようとする意欲を受け止めて，幼児が生活の中で幼児らしい様々な表現を楽しむことができるようにすること。
　（3）生活経験や発達に応じ，自ら様々な表現を楽しみ，表現する意欲を十分に発揮させることができるように，遊具や用具などを整えたり，他の幼児の表現に触れられるよう配慮したりし，表現する過程を大切にして自己表現を楽しめるように工夫すること。

2　保育所保育指針に見る「身体表現」

　保育所保育指針に書かれたものを，第3章保育の内容の「1　保育のねらい及び内容」から条例の中の番号のまま，記します。
（2）教育に関わるねらい及び内容
オ表現
　感じたことや考えたことを自分なりに表現することを通して，豊かな感性や表現する力を養い，創造性を豊かにする。
（ア）ねらい
　①いろいろな物の美しさなどに対する豊かな感性を持つ。
　②感じたことや考えたことを自分なりに表現して楽しむ。
　③生活の中でイメージを豊かにし，様々な表現を楽しむ。
（イ）内容

①水，砂，土，紙，粘土など様々な素材に触れて楽しむ。
②保育士等と一緒に歌ったり，手遊びをしたり，リズムに合わせて体を動かしたりして遊ぶ。
③生活の中で様々な音，色，形，手触り，動き，味，香りなどに気付いたり，感じたりして楽しむ。
④生活の中で様々な出来事に触れ，イメージを豊かにする。
⑤様々な出来事の中で，感動したことを伝え合う楽しさを味わう。
⑥感じたこと，考えたことなどを音や動きなどで表現したり，自由にかいたり，つくったりする。
⑦いろいろな素材や用具に親しみ，工夫して遊ぶ。
⑧音楽に親しみ，歌を歌ったり，簡単なリズム楽器を使ったりする楽しさを味わう。
⑨かいたり，つくったりすることを楽しみ，それを遊びに使ったり，飾ったりする。
⑩自分のイメージを動きや言葉などで表現したり，演じて遊んだりする楽しさを味わう。

　以上のように，子どもが表現を楽しんだり，今を生きることについて丁寧に書かれています。従来と違ってわかりやすく簡素化されたことと，幼稚園教育要領に加えて保育所保育指針が告示化されたことで実行度が上がることが期待されます。国の方針に身体表現ということばが使われるようになったことにも，非常にこの分野での明るい方向性を見ることができます。また，創造性ということが明記されていることにも注目したいと思います。しかし，その教材や方法は現場の裁量に任されています。つまり，保育者の得意とする指導方法を使ったり，自由に教材を選べるということが保育者の力量によってできるというよい点です。それは，子ども達の状況に合わせていくという，双方向性をまさしく示唆していることと考えられます。

　教育・保育について悩んだり迷ったりしたとき，いつでも取り出して考えると，その度に新しい意味を発見することになるでしょう。それは自分の教育・保育を反省し，明日への意欲につなげるきっかけになるかもしれません。

2　発達過程で見られる身体表現の様子

　生後からどのような表現プロセスを通って，身体表現力が発達しその形が形成されていくのかを見たいと思います。

1 家庭の育ちの中で

①表出を表現に変える

　保護者と最初に出会ったときから赤ちゃんの表現への長い旅は始まります。乳幼児期は子どもにとって人の基礎作りをするときです。しかし、「人」の育ちの基礎も初めからテキストがあって、すべてがそれに沿って育つわけではありません。生理学・生物学的なもの以外は、赤ちゃんは周囲にある環境の情報を読み取って、蓄積していくのです。そこで獲得することは、育ちの核になります。育ちの核に肉付けがされて基礎が出来上がります。しかし、基礎のいいかげんな家を建て直すのが大変なように、人の育ちも基礎がしっかりしていないと、後の取り返しに多大な時間を要してしまいます。

　それは、まず養育者との愛着行動と言われる信頼関係を作ることから始まります。愛着行動というのは特別な人に対してもつ情愛的なきずなのことを言います。この愛着行動がしっかり行われることが育ちの全ての基本です。

　赤ちゃんはおむつが濡れると泣きます。最初は生理的に自然に出た泣き声です。しかし、泣いて保護者が来てくれると知ったら、今度はおむつが濡れると、自分の意思で泣くようになってきます。このように生理的な表出を、自分の意思でおとなに伝える表現に変えていくのが、家庭の大きな役目なのです。表出から表現への積み重ねから、子どもは表現の最初の段階を歩み始めると言ってもいいのです。そして、そのやりとりで、子どもは無条件に愛されていることを感じ、信頼の実感を深めていきます。信頼のきずなは、積極的に心のパイプを開き、どんどん情報を吸収していくのです。

②生活リズムを形成する

　人はもともと様々なリズムをもっていますが、個人のリズムは別々であっても、「それらがお互いに作用しあうと、リズムをそろえて活動する集団になると、みんなが協調してそろうことができる（小泉, 2010, pp. 72-73.）」と言います。すぐにみんなで楽しんで行えるリズムあそびはそのことをよく証明しています。

　生物である「人」が合わせていく力でもっともわかりやすいのは誰にでもめぐってくる一日のサイクルです。人の生体リズムは一日約25時間です。一日を25時間にすると地球の一日のリズムと1時間ほど遅れてしまいます。そこで、脳のある部分で朝にリセットするようになっています。乳児は毎日のおとなの生活リズムに合わせて自分の生活リズムを作っていくのですが、このリズムを作っておくことが、子どもに快適なサイクルを作っていく基礎になると言われています。

　生活リズムの形成が健康にも心にもよいということは、おとなでも同じです。子どもにとっては生活管理は自分でできないことばかりですから、生活リズムを整えていくのは周囲のおとなの問題です。リズムを一定にした生活を送ることが、子どもの心を安定させ、ひいては規則正しく生活する快感、そして、合わせる楽しみ、同期する

ことで学習できる内容の豊かさにつながっていくのです。
③知的能力を育てる

　乳幼児は大変な勢いで文化を吸収していきます。家庭はどのような情報が与えられたかという学習環境そのものになります。吸い取り紙が水を吸うように，しぐさや語彙などがファイルされていくのですが，外面にはそのことがすぐに顕著に出てくるわけではありません。しかし，この時期の家庭の役割は毎日の平凡な生活のくり返しからイメージを残していくことにあるのです。環境の優しさと情報がキャッチできる積極的な働きかけが大事です。

　思いやりと愛情について，ここでは，動物実験でお話ししましょう。『子どもの脳は蝕まれている』という本の中にこのことに関係する資料が示されています。以下にその内容を引用します。1970年から10年がかりで行われた実験です。「ウサギに動脈硬化を起こさせるため，高コレステロールの餌を一様に毎日食べさせたのですが，一つのケージだけ高脂血症にならないウサギがいました。あるとき，大学院生がそのケージのウサギを抱擁をしているのを研究者が目撃します。そこで今度は，ウサギとヒトとの抱擁という関係に注目し，追試実験を行った結果が図（2-1）です。縦軸は，ウサギの動脈の高脂血症になっている割合を示し，横軸はウサギの群を示します。A～E群の全てに毎日，高コレステロールの餌を与え，C・E群には今まで通り何もしませんが，A・B・D群はヒトと一緒に遊んだり抱擁したりする時間を与えます。するとA・B・D群は，何もしないC・E群のウサギよりも動脈血が高脂血症になっていないことがわかります。そしてこの差は約60パーセントと報告されています。（中略）他の動物実験でも似たような実験がなされています。リスザルを群れから離し，一匹だけに隔離すると不安になり，免疫機能が有意に減退するといった報告事例もあります。既婚者は未婚者よりも，また友好的・協力的親友のいる人はそうでない人よりも，

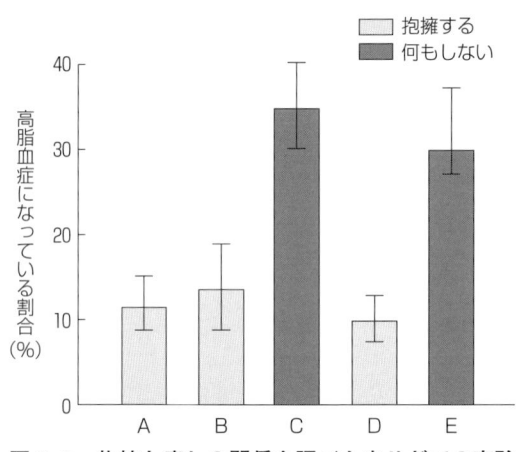

図 2-1　抱擁と癒しの関係を調べたウサギでの実験
出所：寺沢，2006，p. 67.

幸福度が高く，死亡率も低いことが報告されています。このようなことを考えていくと，家族の大切さがわかってくると思います。アメリカの精神医学では家族は史上最強のコア（核）と表現され，家族というコアが崩壊していれば凶悪犯が育つ確率が高くなることも報告されています（寺沢，2006, pp.67-68.）」。家族は常にふれあうことで，楽しいときも苦しいときも支え合い，気がつくと乗り切ることのできる，暖かくて不思議な所です。その間，家族とのふれあいの中で，お互いの表現が多く交わされている場所なのです。

④真似る手本がある

　生まれたばかりの赤ちゃんはことばを理解できませんが，「ああ，おなかがすいたのね」「おむつがぬれたのね」と声をかけながら周りの人が世話をします。周囲からの笑顔や声のくり返しが，子どもの聴覚系を通して赤ちゃんを刺激し，笑顔が心を穏やかにして，脳を育てるのです。この刺激を感じ取って，その子どもの個性や能力となっていきます。いつも同じような表現形態，音声等が刺激となって子どもに蓄積されていくので，その表現が周囲の人の表現に似てくるのはあたりまえです。

　この頃の子どもの行動はおとなの模倣なので，現在，子どもにしている対応は，子どもの明日の行動になります。幼稚園などで，ままごとを見ると家庭の様子がよくわかります。お母さん役をやったとき，Ａちゃんがお母さん役のときは優しかったのに，Ｂちゃんがお母さんのときはお父さんを怒ってばかりだったりします。このようなときに，子どもたちは，「へえ，お母さんにもいろいろあるんだ」ということを知ります。物事の処理の仕方，人への接し方のみならず，生き方までモデルとして取り込んでしまうのです。20年以上前のままごとは，お母さんのなり手がとても多かったのですが，10年ぐらい前には一番人気はペットになりました。みんなに可愛がられ，何もしなくてよいからというのがその理由でした。それがここ数年前から，お父さんの役割が増え，仕事内容も豊かになり，家庭の在り方がそのまま反映されています。

⑤手足を使う機会が作れる

　子ども時代は身体をよく使い，指一本動かすことや全身を使うことまで，あらゆる動きをすることに喜びを感じます。特に手の使用は大切で，これは育ちにとって大変大きな意味をもっています。図2-2は大脳半球の図です。大脳を半分に切って，身体の部分が身体機能によってどのくらいの大きさを占めるかを表したものです。右側に描かれているのは知覚する方です。左側は運動を命令する方です。どちらも手の部分が広い場所を占めています。脳を刺激すると神経の伝わり方がスムーズになります。使えば使うほど，神経のネットワークは広がり伝達が容易に行われることになります。手あそびが幼児教育に多く取り入れられているのはこのためであり，また，子どもの身体（脳）が発達するためにそれを要求するからではないでしょうか。

　家庭ではあらゆる子どもの動線の中で，手足を十分に使う時間をとることができま

第Ⅰ部　身体表現とは何か

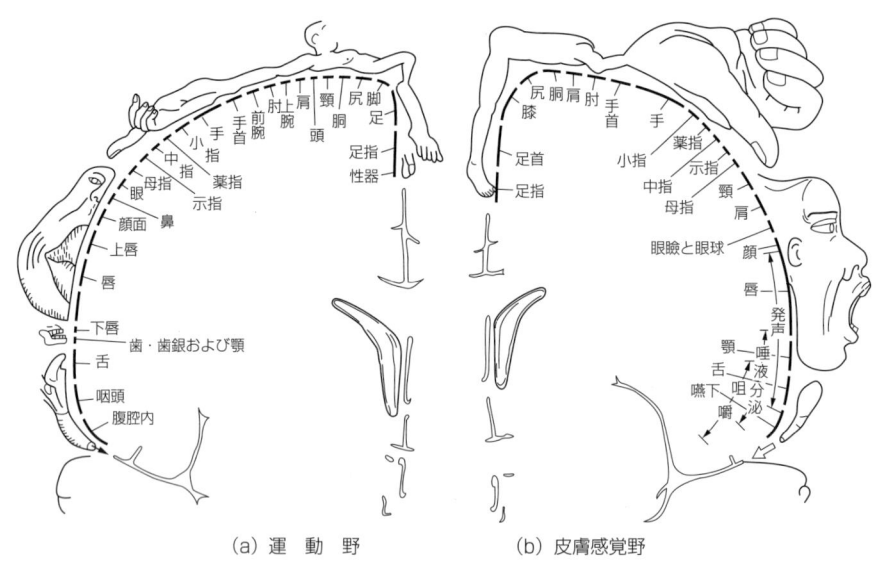

(a) 運動野　　　　　(b) 皮膚感覚野
図2-2　ヒトの体性感覚領の局在的分業を示す模式図（ペンフィールド）
出所：赤堀（監修）田宮（編集），1966, p.19.

す。洋服の着脱，靴紐の結びなど自分の生活に必要なことがたくさんあります。さらに，家族のためにお箸を並べたり，新聞を運んだりする機会がいっぱいあります。

⑥双方向性のやり取りができる

『ベビーサイン』という本があります。「まだ話せない赤ちゃんと話す方法」という副題がついています。2001年に出版されましたが，当時はお母さんを中心に話題になりました。その内容を引用します。

「たいていのお父さんお母さんは，赤ちゃんに話しかけるとき，深く考えることなく「バイバイ」と言いながら手をふったり，「いや」と言うときには首を横にふったりします。そして，ほとんどのあかちゃんは話し言葉がつかえるようになる何か月もまえから大人のジェスチャーをまね，〈バイバイ〉や〈いや〉や〈うん〉などの身振りをつかいはじめる（リンダ・スーザン，2001）」というのです。このことに注目しました。このことを使って表現あそびをしようということなのです。

筆者らは「生後11か月から2歳までの赤ちゃんのいる140家族を対象とした大規模な実験を行うことにしました。実験の方法は，参加家族の3分の1にはベビーサインをつかってもらい，残りの3分の2にはつかわないようにしてもらって，定期的にそれぞれのグループを比較するというものでした。……ベビーサインをつかった赤ちゃんは，つかわなかった赤ちゃんとくらべると，知能テストの成績がよく，言葉に対する理解力もあって，語彙も豊富でした。そして，より高い論理的能力を必要とするあそびにも，うまく参加することができた」というのです。これはコミュニケーションの双方向性をうまく使った方法です。これを身体表現に応用しようとするものです。

2 リズミカルな動きの発達

①生後1年間の発達の様子

　生後3か月にもなると，周囲の笑顔や刺激に対して敏感に反応していることがわかります。家族の笑顔が子どもの笑顔を誘い，そのことで，互いの交流が増してきます。また，自らの運動については，乳児の目に入る範囲の動くものや自分の手に注目してじっと見つめ，その手を口に持っていきちゅうちゅうと吸います。どこかで音が鳴るとそちらに顔を向けて反応するのもこの頃です。4・5か月前後には機嫌がいいと「おーおー」とおとなの顔を見ながら声をあげます。相槌を打ってあげるとそれに応えているかのように，いくらでも話しかけるように発音してきます。おとなに話しかけているときはひたすら声だけをあげますが，そうでないときは手足が同時に動いてにこにこしています。今までばらばらであった足蹴りと笑いのリズムがだんだん同期してきて「空をリズミカルに足で蹴る運動は，生後5・6ヵ月にピークを迎える。それからのちは，生起頻度はかえって減少傾向をたどっていく。すると，ピークをすぎたのを待ちかまえていたかのように，今度は手を用いた反復動作が盛んに行われるようになってくる。生後6ヵ月齢から7ヵ月齢のことである。左右どちらか一方の手を，水平あるいは垂直方向に繰り返し振ったり，オモチャのガラガラやスプーンを床や机にたたきつけるしぐさが典型的である。一般に英語では，バンキング（banking）と総称されている（正高，2001，pp.73-74）」ものです。身体をくねらせてバンバン繰り返すようなバンキングが見られます。これは身体の諸機能の発達だけでなく，後のリズミカルな運動と関係していると考えられます。かなり長時間行っても平気になって疲れるのではないかと思うくらいまでがんばります。声も出始め，そのうち足は発声と連動してくるようになってきます。

　最初は身体の内部から湧き上がるエネルギーにまかせて全身を震わし，それにつられて四肢が動きます。正高は「乳児がバンキングを始めるやいなや，笑いが足から手に乗り移る。……過去には足の運動と同期していた笑いが，ある時期を境にして手と一緒に反復しだす。しかも，足と同期していたころの特性をうけついで，リズミカルな手の動きの同期数と笑いの反復数は，やはり一致する傾向をしめしていた（正高，2001，p.74）」という報告をしていますが，リズムは全身連動していると考えられます。この時期，手は格好の遊び相手となります。喃語も初期には手の動きと同期すると言われており，正高は「音声言語の発生になるパターンを習得するために手足の運動を道具的にもちいていたのではないか（正高，2001，p.78）」と推察しています。そして，このように身体運動を基盤とした発声練習を重ねて喃語を産出することが可能になるのです。江尻は「発声とリズミカルな運動の同期性が，正式な喃語の出現とともに消えるのは，この時期から，乳児の発声活動が身体運動とはより独立的に行われるようになるからだと思われます（江尻，1996，p.98.）」と解釈しています。

やがて，つかまり立ちの状況で，しっかり両手で身体を支え足を踏ん張って，お尻を左右にふって揺れている様子を見ると，すでにリズムに合わせる楽しみを知っているようです。

1歳になると，何かがうまくできたときは周囲のおとなに拍手を求めますが，単に行為を真似るだけでなく，行為に伴う周囲の反応も含み，一連の流れとして表現のイメージをもちます。このときからすでに，認められ共感してもらうことはとてもうれしいのです。「いないいないばー」なども，ことばとリズムと動きだけを上手に真似ます。ただし，自分が隠れてしまうことはなく，自分から見えた状況で，「いないいないばー」を行うなど，かたちを真似ます。彼らはタイミングよく出てくる顔を見て喜びます。その詳しい様子については「第4章第1節　0～1歳児の身体表現」のところで書いています。顔つきは大変表情豊かになり，ことばの代わりの身体表現も含めて，分化していく過程そのものが，それぞれのところで豊かな様相を見せていくことがわかります。

② 1歳頃

1歳を過ぎ，歩行が始まる頃から，歩行に関する動きが発達すると同時に，真似ることが盛んに行われるので，生活のやり方やしぐさ等おとなの影響が強く表れます。遊ぶものは日常の生活品の中から見つけて十分楽しんでおり，新聞をくしゃくしゃにしたり透明のパンケースを眺めたりして，感触を楽しみます。水族館に行っても大きな珍しい魚よりも目の前のちょろちょろと流れる水に興味を示したりするのです。

1歳頃には手当たり次第に持ったものを叩いて遊んでいますが，月齢を重ねるうちに，おもちゃの電話の音に反応して受話器を持って話をしているふりをする等，ふりと生活の脈絡との関係が何らかのつながりをもってきます。この時期にはとにかく子どもは周囲の真似をしてふりをどんどん吸収して育っていきます。

2歳近くになると大きな音やいつも聞いているなじみの曲がかかるとそれに合わせて動くというように，変化する状況に自分で合わせていくこともできるようになります。同じように，ふりを含む表現様態については，周囲を実に詳しく観察し，おとなが気がつかない細かいところまで真似て驚かされるのです。

また，表現の一側面として，言語の発達が大きく関係しています。「非言語的な表現と言語的な面の相互作用が，言語に影響を与える（萩野，1996，pp.72-81.）」のと同時に，言語的な面が動きを喚起する場面が多くなってくるのです。1歳半ぐらいには自分の名前に近い発音をくり返しながら，それに合わせて部屋中を歩き回る等，自分の位置をリズミカルな表現活動のある部分に当てはめていくような場面が見られるようになります。1歳9か月頃になると，「あっ，あっ」と声をあげながらやたらと指差しをするようになります。赤ちゃんの時から，すでに「視覚的共同注視の能力は，相互的なものであり，どうやら赤ちゃんは，空間的に存在する他者の注視の対象物に気

がついているようです。(板倉, 1996, p.53.)」そして, この頃には, 指差しによって赤ちゃんはお母さんとまなざしを共有することができるのです。表現的には, すでにやりとりを期待する赤ちゃんの表現意欲が汲み取れます。この頃にはことばだけでなく, 生活のやり方も, 機械の操作の仕方も, なんでも動きで真似ていきます。

③ 2歳頃

2歳頃からは感情のほとんどのものが豊かに現れることはブリッジ(Bridges, K. M. B.)の古典的なデータ(図2-3)の通りです。2歳児は感情の表現をストレートに出すので, 興味がなければ, 知らん顔をして, 自分の好きなことをします。

赤ちゃんとお母さんの関係から「他者の感情をよみとる能力の発達」について小沢は「人は2通りの情報を利用して状況の解釈を行い……顔の向き, 視線の先など, 人が何に対して関わっているのかという『関与の情報』と, 人がその状況にどのような評価を下しているかに関する『情緒の情報』があり, 感情をはっきりと顔に出す『情緒の情報』と, はっきり顔に出さないでその代わりの行動に現れる『関与の情報』を補い合って, 行動に現れる(小沢, 1996, pp.39-40)」ことを観察しています。行動に現れるのは, これは生まれつきのものではなく,「文化差がある(小沢, 1996, p.48)」ことを示唆しています。生後1歳頃からすでに, 赤ちゃんの表情の読み取り方が欧米人と日本人では違い, すでに文化差が見られるということは, 周囲のおとなの表現様

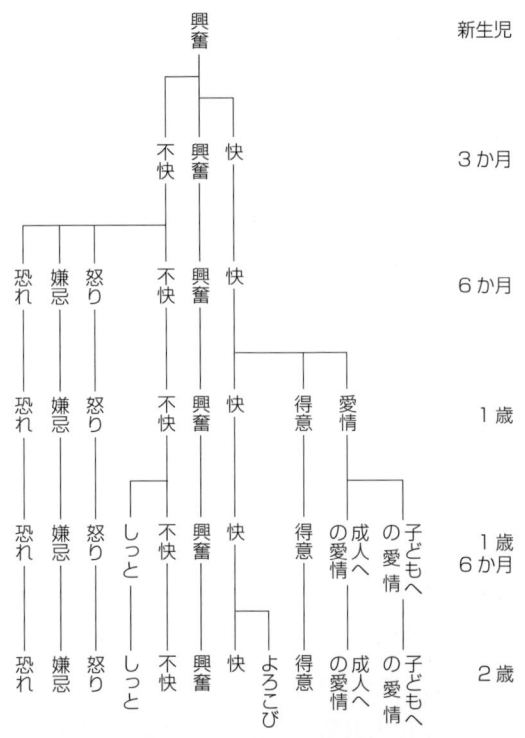

図2-3 情報の分化図式 (Bridges, K. M. B.)
出所:新リズム表現研究会, 1985, p.24. より。

式をそのまま受け取って自分のものにしていくことを示しており，すでに，おとなとのやり取りから影響を受けたものなのです。テレビやビデオを見ても，それに合わせて真似をしながらいろいろな動きができてくるようになるのです。

2歳半頃は，テレビに合わせてぴょんぴょん跳んだり，テレビと同じように動くという身体の軸を変えた動きも真似られるようになります。拍手も上手になり，タイミングよく速度も合わせようとしますし，自分でオノマトペも入れることができるようになります。"大きい""中くらい""小さい"の区別がかなりしっかりと表現できるようになるのもこの年齢です。「大きな栗の木の下で」の手遊びでは，2番の小さな栗の表現も入れて行いますと，「大きい」「小さい」の表現の両方とも大変上手です。大きな表現は手足を大きく動かし，声まで低くて太い声になります。小さな栗の木は手足を小さく抱え込んで身体を縮め，内緒話のような静かな声で表現するなど，全身で表現します。自分だけでなく，他の人も呼んで一緒にするなどもできるようになります。なによりも，なりきれるのがこの年齢なのです。

④ 3歳頃

3歳児は，自立心の芽生えの反抗期として注目されますが，運動能力の上では「"できない"ことから"できる"ことへの転換期に当たる（園原・黒丸，1966，pp. 66-72.）」と言われていますので，初めできなかったこともどんどんとできてくるようになるのがこの年齢の特徴です。

3歳になると♩＝96ぐらいの速さですと多くの子どもが刺激に合わせて手をたたくことができるようになります。リズミカルなうたを好み，身体を動かすことが楽しい年齢です。他の人の真似もどんどんして喜びます。うたも3度から5度ぐらいの音域の幅で歌えるものですと，初めから終わりまで歌うことができるようになります。

3歳児は表現すること（なりきること）が本当に豊かにできる年齢であり，それはリズムが理解できていくのと並行して心情も受け入れられやすく，一つのことから多くのイメージを展開させ，真似る時期の2歳児に比べて，「心から楽しむ表現の時期」とも呼べるものでしょう。さらに細かい指の動きまでしようと努力して，実際少しずつできてくる年齢でもあることから，適切な表現活動の提供が十分行われることが必要ではないかと思われます。おとながゆっくりとくり返し行うことも大切ですし，子どもが自分でチャレンジして集中しているときは待つことも必要です。

乳幼児期はうそっこの世界が楽しい年齢であり，「なりきる」ことは2歳児とは違って，役柄そのものの表現と同化しているのです。怪獣が出てくるところは，最初は本当に怖がって遠くへ逃げ隠れてしまいます。しかし，自分が怪獣になったときには，「ぐわー」と声をあげながら，カメラに向かっていくという主と客が理解できており，分化でき，かつ主と客をすぐに入れ替えてもなりきることができるという，魅力的で楽しい年齢なのです。「年齢が増すとやがて役割が認識できてきて，動作と同期して

表 2-1 歩行の完成以後に発達する運動能力

年齢	運動能力
1歳	一人で歩く方が好きになる。敷居を越える。しゃがむ。
2歳	歩行の型が整う。転ばないで走れる。摑まらないで階段の上り下り。大きいボールをける。
3歳	両足をそろえてピョンピョン跳ぶ。足を交互に動かして階段を上る。椅子を運んできて高い所に上る。三輪車に乗ってこぐ。階段を2段目くらいから跳ぶ。
4歳	走る・跳ぶなど活発に動き回る。片足でケンケンをする。でんぐり返しをする。スキップができる。滑り台をよじ登れる。
5歳	ブランコに立ち乗りしてこぐ。ジャングルジムの上の方まで一人で上る。スキップ・ホップが上手にできる。
6歳	全身運動の基礎は一通り身につく。

言葉が発せられる（高橋，1993，p.121．）」ことも高橋他が幼稚園・保育所の遊びで3歳児で観察しています。

⑤ 4歳頃

4歳頃は活動的な運動に絶えずチャレンジしていきます。3歳児でなんとかできていたうさぎ跳びが手を耳にあててリズミカルにできるようになります。新しい動きができていくのが楽しいので，次々と動きにチャレンジしていく年齢ですので，非常に活発に見えます。表2-1は歩行の完成以後に発達する運動能力についてまとめたものですが，活発に動き回る姿がわかります。

4歳児の子どもはどちらかというと，メロディの方よりもリズムの方がわかりやすいと言われるのは，身体で受け止めるリズムの方が，4歳児の持つ運動性のために理解しやすいのでしょう。また，簡単な楽器の演奏もできるようになります。

⑥ 5・6歳頃

5・6歳頃になると，運動のコントロールがうまくなり，たいていの動きはできるようになります。ホップは跳ぶ軸足を左右で変えていかなくてはならず，ステップの中でももっとも難しいものですが，これも上手にできるようになります。自分の運動能力の発達に加えて，観察力も確かになり，運動の方向やバランスのとり方，力の入れ具合などが上達し，リズム刺激にもうまく反応ができるようになります。声域の発達はめざましく，うたも上手に歌えるようになります。また，ダンスなども楽しく踊れるようになります。

子どものあそびは友達と一緒が多くなり，それを楽しんでいる年齢です。保育者も遊びの豊かさを視野に入れて保育にあたるので，一気に多くのことができるようになっていきます。この年齢は集団の影響を強く受けますので，次の項で詳しく述べていきます。

3 集団の育ちの中で

ここでは，特に身体表現に関するものについて触れておきたいと思います。前章で

第Ⅰ部 身体表現とは何か

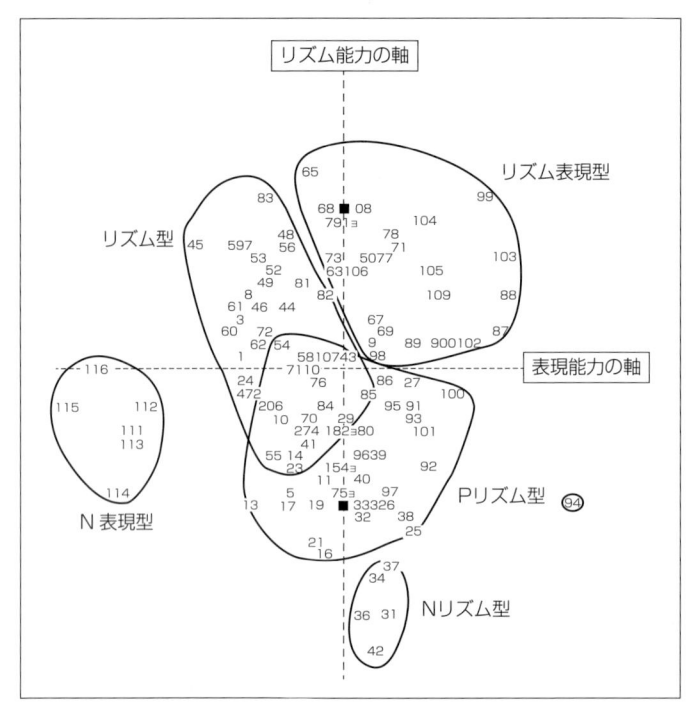

図2-4 3〜5歳児のリズム能力と表現能力の分布図
出所：古市，1989，p.124.

も述べたリズムと表現の視点から見てみます。リズム能力と表現能力の関係を見たものが図2-4です。

　図は1989年に116名の3〜5歳児を対象に行った調査の結果です。被験者の子どもたち一人ひとりの位置がプロットされています。X軸（表現能力の軸）の右にいくほど表現能力が高く，Y軸（リズム能力の軸）の上方にいくほどリズム能力が高いことを示しています。リズム能力は手と足のリズムを再現すること，表現能力はクラスの担任が評価したものです。結果は5つのタイプに分類され，①リズム感もよく，表現も優れている「リズム表現型」，②リズムは上手であるが，表現点は低いものが含まれる「リズム型」，③手のリズムか，足のリズムのどちらかが優れているが，他方の得点が低い「Pリズム型」，④リズム得点が低い「Nリズム型」，⑤表現力が低い「N表現型」に分類しています。

　この図と調査結果から，「リズム表現型」，つまり，表現能力が優れていて，リズム感のよい，身体表現にとっては理想的なタイプの子どもが多い幼稚園では，日ごろから身体表現の活動が活発で，子どもたちの性格も明るく活発であるという関係がわかりました。「リズム型」では女児が多く，ピアノを習っている子どもが多く含まれていて，合わせることに一生懸命であった子どもたちで，親の音楽好きとも関係していました。興味深いのは「Pリズム型」で，足か手のどちらかのリズムが優勢であると

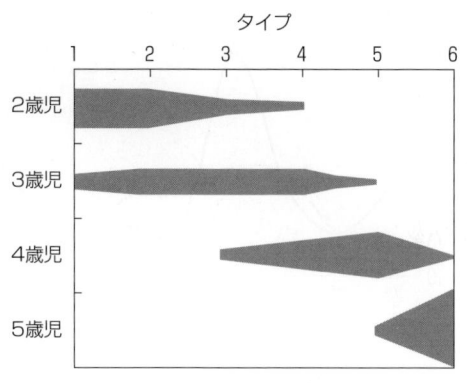

図 2-5　模倣のタイプ年齢別

（注）タイプ1―見ている
　　　タイプ2―手だけ動かす
　　　タイプ3―手も身体も動かす
　　　タイプ4―動きが4種ともできている
　　　タイプ5―動きに自分なりのテンポがある
　　　タイプ6―動きが刺激のリズムにのっている
出所：古市，1999，p.5.

いうことで，日ごろのあそびが大きく影響していました。「Nリズム型」については全員が男子でしたが，表現得点は平均以上でした。「N表現型」は全員が女児でしたが，こちらもリズム感は平均に近いものがあります。また，研究報告からは年齢が増すにつれて，それまで相関が高かった関係が年長になるにつれて個人差が大きくなるものの，その個人差は園の保育内容と大きく関係していました。また，子どもの性格とも関係していました。リズム能力は楽器を習っている子どもは高かったということです。

　以上の結果から見ると，身体表現能力は集団の中で大きな影響を受けていることがよくわかり，身体表現を大切にしている園は，子どもの身体表現力が優れていました。
　実際に集団で子どもたちがどのような様子で表現を行うのかをダンスを踊る場面から見たいと思います。
　図2-5は「エンテンタンツ」というアヒルの形を真似たフォークダンスを踊る様子を年齢別に見たものです。踊りの種類は4つで，それらはくちばしの表現・羽をバタバタさせる表現・アヒルがお尻をふって歩く様子・拍手の4つです。各動きは4拍ずつで，このパターンが4回くり返されます。2歳児では見ているだけの子どもが多いです。3歳児は見ているだけの子どもから，自分なりのテンポで動きができる子どもまでいます。4歳児は動きに自分なりのテンポをつけて踊る子どもが多いです。5歳児は多くの子どもが刺激の音楽に合わせて踊れています。これを見ると，自分だけでは経験できない，例えば「じっと見ている」「自分なりのテンポを楽しむ」など，集団であるからこその刺激が見られます。
　集団の育ちでの一番の利点は，学習への動機づけです。保育者の主導による「何か

第Ⅰ部　身体表現とは何か

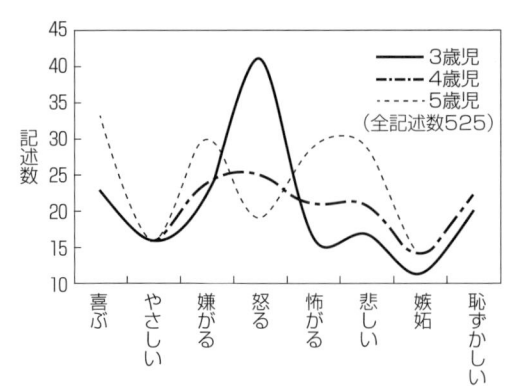

図 2-6　幼稚園・保育所で見られた感情の種類
出所：古市，2000，p.9.

をやりましょう」ではなくて，年上の子どもの格好よさにあこがれて，やってみたいという気持ちをもつことです。模倣とも関係しますが，「年長児と違って年中児は直接の模倣が多く，後で演じてみるというのは年長児に多くなっていきます（村山，1987，pp.42-45.）」。

　また，集団で培う能力の一つはことばと身体の表現で行うコミュニケーション力であろうと思われます。互いの交流で，子ども達は多くの学びをするのですが，それらは，決して強制ではありません。交流する人が増えれば，ことばも増えます。それが実際の体験で身について，かつ，それが自分の明日からの表現ツールになっていくのです。集団生活が始まって最初の頃は，自分の思いを表出するか，もしくは表現することができず，戸惑うことが多いものです。このときが保育者の出番です。保育者との接点をもつことができたら，今度は友達とつながる糸をつないであげましょう。やがて，少しずつ表現していくことができるようになりますが，その間，ことばと身体の動きをない混ぜて表現されたことは，全部意思として受け取るように，保育者はそれを読み取っていかなければなりません。

　やがて園内に共通のことば，共通の行動基準ができてきます。多人数が集まればその数と同じだけの悩みがありますが，それと同じだけの学びがあるのです。表現はそういったものを全て含んで，楽しむという方向からアプローチできます。

　参考に集団生活の中での感情がどのように育つのかを見ておきたいと思います。図2-6は幼稚園でよく見られる感情の表現場面を見たものです。もっとも顕著に発達が見られたのは「怒る」場面で，3歳児に多く見られましたが，4歳・5歳と進むにしたがって，大きく減少していき人間関係を円滑にする方法が育っていることがわかります。喜びの感情はどの年齢にも多く見られます。また，優しさ・嫉妬心・恥ずかしい感情はどの年齢も同じような割合で見られます。これは子どもの性格に左右されるのかもしれません。悲しい感情は年齢が高くなるほど多くなり，感情の表現が豊かに

なっていくのがわかります。

引用・参考文献

赤堀四郎他（監修）田宮信雄他（編集）『脳のはたらき』共立出版，1966年．
江尻桂子「ことばを話しはじめるとき」『赤ちゃんウォッチングのすすめ』別冊発達，**19**，1996年．
古市久子「幼児のリズム表現感覚に影響を与える条件」『幼児の表現と保育』日本保育学会保育学年報1989年版，1989年．
古市久子「幼児におけるダンス模倣の発達的研究」『京都体育学研究』**14**，1999年．
古市久子「幼児の心の豊かさを育てる身体表現の教材研究」平成10年度〜11年度科学研究費補助金報告書（課題番号10680269）2000年．
萩野美佐子「ことばを習得する時の大人の役割」『赤ちゃんウォッチングのすすめ』別冊発達，**19**，1996年．
保育所保育指針平成20年度版．
板倉昭二「まなざしを共有することの意味」『赤ちゃんウォッチングのすすめ』別冊発達，**19**，1996年．
小泉英明（編著）『乳幼児のための脳科学』かもがわ出版，2010年．
リンダ・アクレドロ，スーザン・グッドウィン（原作），たきざわあき（訳）『ベビーサイン——まだ話せない赤ちゃんと話す方法』径書房，2001年，pp.22-23, 32-33．
正高信男『子どもはことばをからだで覚える——メロディから意味の世界へ』中央公論新社，2001年．
村山貞雄（編）『日本の幼児の成長発達に関する総合調査——保育カリキュラムのための基礎資料』サンマーク出版，1987年．
小沢哲史「他者の感情をよみとる能力の発達」『赤ちゃんウォッチングのすすめ』別冊発達，**19**，1996年．
新リズム表現研究会（編）『新しい幼児の音楽リズム』幼年教育出版，1985年．
園原太郎・黒丸正四郎『三才児』日本放出版協会，1966年．
高橋たまき『子どものふり遊びの世界——現実世界と想像世界の発達』ブレーン出版，1993年．
寺沢宏次『子どもの脳は蝕まれている』ほおずき書籍，2006年．
幼稚園教育要領平成20年度版．

第3章　保育者と身体表現

1　身体表現の基礎力を高める

　表現力は保育にあたる人たちの影響を強く受けますので，保育者自身が表現的である必要があります。ここでは実際に養成校で行った授業の中から，効果が上がり，楽しく展開できたものをご紹介しましょう。

1　表現することを楽しむ

　本来身体を動かすのは楽しいものです。身体表現の効用は，表現の快感の体験を重ねることですが，保育者が楽しんでいないとそれは子どもに伝わりません。「身体を動かすことは楽しい」という情報発信が，見ている人の「身体を動かしたい」という動機につながります。身体をよく動かせばそれだけ感じる場面も多くなります。そうすれば感じることに敏感になり，物事に対する観察力も増します。

　さらに，楽しさに魅かれて何度もくり返しているうちに，生理学的にも発達を後押しし，手足が器用になります。そうすれば何をしても上達がはやく，運動意欲が刺激されます。さらに，一つのことがマスターできると，次のことにチャレンジしたくなって，新しいこともやってみようと思う意欲も出てきます。それがいわゆる"しなやかな"身体です。そうなれば身体を使ったあそびが大好きになります。表現することを楽しむことを伝えるには，保育者自身が表現を楽しむことが一番です。

　保育者の笑顔はとても大切です。笑顔は子どもの表現を引き出すことばがけの一つです。笑顔は教育者の大きなツールです。ゆっくりとした気分の笑顔が，子どもが自然と表現したくなる気持ちを喚起することを知っておきましょう。リズム表現をしている子ども達の顔はにこにこと笑っているようにしたいものです。

　生まれて間もない頃は赤ちゃんの自発的な微笑が見られます。それは生理学的なものですが，その微笑に大人が微笑み，3か月頃になるとそれに応える赤ちゃんの笑顔

が，感情のやり取りで表われる社会的微笑に変わってくると言われます。この時代に微笑む機会をもつことはとても大切です。パターンのはっきりした手あそびを泣いている乳児にすると，泣き止んでじっと注視し，そのうちに微笑んだ例は多いです。元気のない幼児もダンスを楽しんでいる間に笑顔がもどる例もあります。反対に微笑んだことのない乳幼児はおとなになっても微笑めないと言われているのです。全ての子どもに曇りのない微笑をもたらす機会にしたいものです。子どもは今を生きている存在です。子どもの今を楽しく生き生きと輝かせるのは保育にかかわるものの責任です。

　保育者は自分が楽しいと感じた教材を用意すべきです。しかし，面白い教材でも，十分に保育者が理解していないと楽しんで行えず，たどたどしい仕草をしたのでは子どもたちも心から没頭できません。どのような簡単な教材でもよく練習しておかないとよい味は出せません。また，保育の展開について，順序を間違えないように，配慮することも楽しむための条件です。次の例を見ると，そのことが理解できると思います。貨物列車のゲームで最初は一人で客車になり，出会った人とじゃんけんをし，負けたら勝った人の後ろにつながります。次々とじゃんけんで負けた人は後ろにつながるのです。この遊びの後に「線路はつづくよ」のフォークダンスを行ったら，上手に二重円で踊れました。ところが順序を逆にして，先に「線路はつづくよ」のフォークダンスをやり，その後で貨物列車のゲームをしたところ，できなくなった例があります。それは，フォークダンスで汽車の長いイメージが子ども達の中にできて，その印象が強く，客車の表現を，また一人になってから始めることができなかったのです。提示順序を間違えたからです。これでは楽しいはずのものも混乱のもとになってしまいます。

（楽しむ）

「もちつき」
　①もちつきの思い出話を聞く。
　②きねとうすの役割を決める。
　③うすのリズムを体験する。♩で全員が練習するが，何が起きても絶対にリズムを変えないように指示をする。
　④きねの歌と打ち方を全員でやってみる。
　⑤2人で組み，きねとうすに分かれて手遊びをする。
　　　記号A：自分の左手のひらを，右手でたたく
　　　　　B：相手の手のひらを，自分の右手でたたく
　　　　　C：相手の手のひらの上で，自分の右手をこねる
　　　　　H：拍手をする

ぺったんこ　ぺったんこ
♩(A)♩(B)♩(A)　♩(A)♩(B)♩(A)

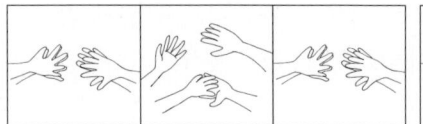

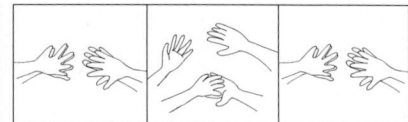

ぺったん　ぺったん　ぺったんこ
♩(A)♩(B)♩(A)♩(B)　♩(A)♩(B)♩(A)

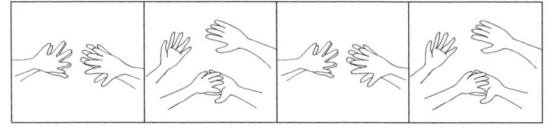

3月3日のもちつきに
♩(A)♩(B)♩(A)　♩(A)♩(B)♩(A)

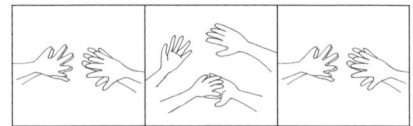

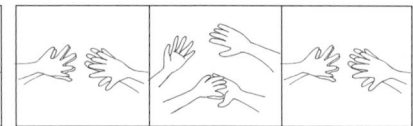

ぺったんこ　ぺったんこ
♩(A)♩(B)♩(A)　♩(A)♩(B)♩(A)

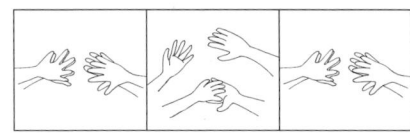

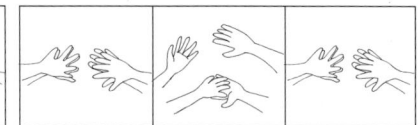

ぺったん　ぺったん　ぺったんこ
♩(A)♩(B)♩(A)♩(B)　♩(A)♩(B)♩(A)

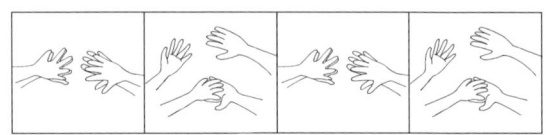

さあこねて　さあこねて
♩(A)♩(C)♩(A)　♩(A)♩(C)♩(A)

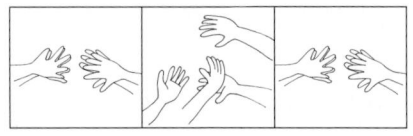

さあこね　さあこね　さあこねて
♩(A)♩(C)♩(A)♩(C)　♩(A)♩(C)♩(A)

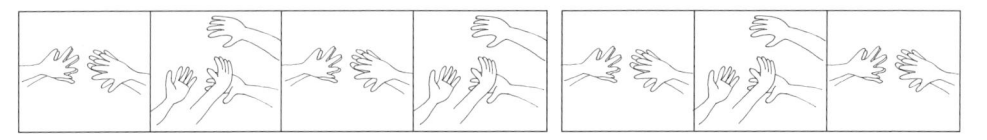

とーととーん　とんとんとん
♩(H下)♩(H下)　♩(H下)♩(H中)♩(H上)

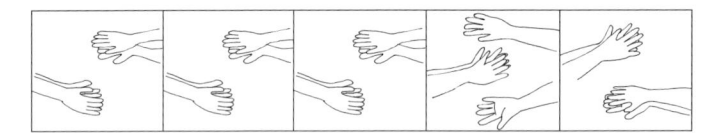

とんとんとんとん　とんとんとん
♩(H上)♩(H中)♩(H下)♩(H中)　♩(H上)♩(H中)♩(H下)

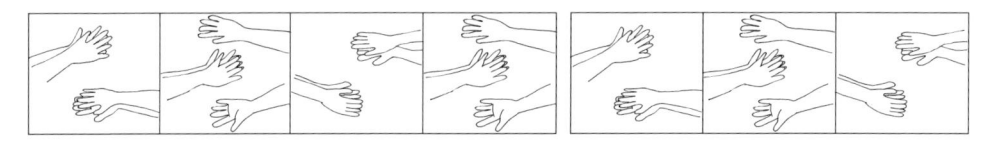

⑥終わったら役柄を変えて行う。
⑦スピードをどんどん速くして，役柄を交代しながら行う。

2　リズム感を高める

　保育者のリズム感を育てることは大事です。リズム感がよくないと，表現が曖昧になってしまいます。表現活動においてはリズム感の良し悪しが，表現に活力を与えます。リズム感がしっかりしていないと，教えられる方も理解できません。リズム感のよさは単に音楽や動きによいだけではありません。話し方の聞きやすさ，物事の構成力など，多くの場面に役立つことが多いのです。

　もっとも大切なのはエネルギーの配分が上手にできることです。リズムの体験を重ねることで，あらゆることに対して最小限のエネルギー使用で済みますので，他への心配りができ，最善の表現ができます。

　歩行がよい例です。あのリズミカルで日常的な行動を大きなエネルギーを使って行うのでは，大変です。そうなれば他のことに時間を避けなくなりますし，移動するのも億劫になってしまいます。リズム感のよい保育者は，リズム感の育つ幼児期の先生としては最適です。リズミカルな保育者はことばがけもタイミングよくできますし，ことばも長過ぎずに適切に行えるでしょう。ここではリズムの面白さを体験できる教

材の提供をしましょう。

> リズム感を高める

自分の身体で2拍子と3拍子を同時に行い，かつ他の人と動きを合わせていくあそびです。

「こなやさん」

がっ たん ごっ とん すっ とん とん　がっ たん ごっ とん すっ とん とん

こな やの おば さん まっ しろ け で がっ たん すっ とん とん

① こなやさんのうたを覚える。→2拍子であることを知らせる。

② 手あそびを行う。→3拍子であることを知らせる。

③ 2人で向かい合って歌いながら手あそびを合わせる。

　2人で立って時計回りに回りながら行う。

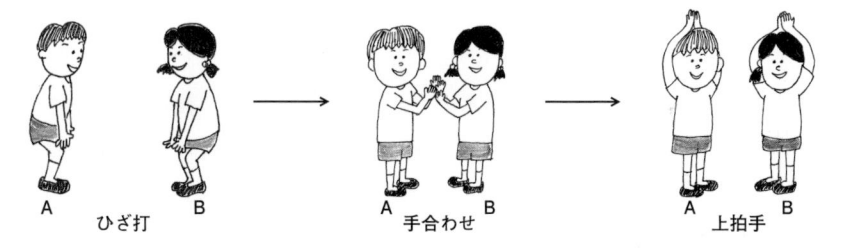

A　　B　ひざ打　　　　A　B　手合わせ　　　　A　B　上拍手

④ 4人になる。このとき前に組んでいたパートナーと向き合う。

　4人の手がぶつからずに，歌いながら手あそびできる方法を考える。

　答えが出たら，みんなでやってみる。

　時計回りに回りながら，4人のこなやさんを行う。

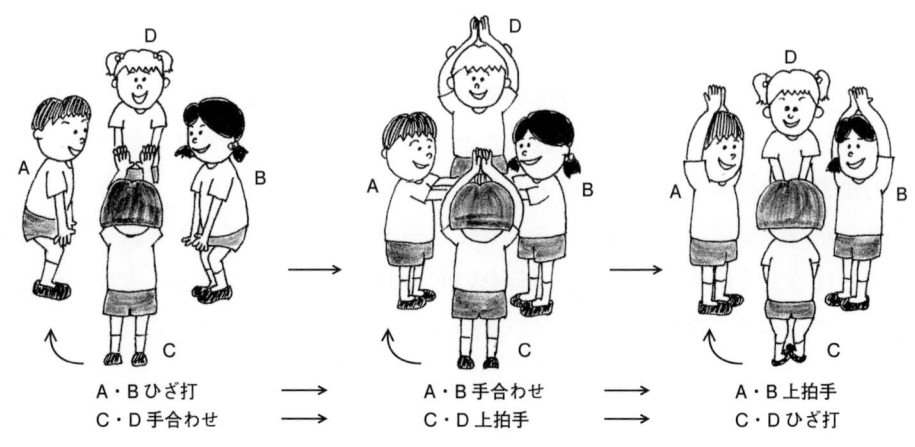

A・B ひざ打　　→　　A・B 手合わせ　　→　　A・B 上拍手
C・D 手合わせ　→　　C・D 上拍手　　　→　　C・D ひざ打

⑤6人になる。以前に組んでいたパートナーと向き合う。

6人の手がぶつからないように，歌いながら手あそびできる方法を考える。答えが出たら，みんなでやってみる。

時計回りに回りながら，6人のこなやさんをやってみる。

A・B　ひざ打　→　手合わせ　→　上拍手
C・D　手合わせ　→　上拍手　→　ひざ打
E・F　上拍手　→　ひざ打　→　手合わせ

3　創造性を刺激する

　表現力豊かな保育者は，子どもの気持ちにより近く寄り添うことができます。なぜなら子ども達に共感していることが具体的（創造的）に伝えられるからです。子どもたちと共に体験し，共感し，表現し合っていく中で，工夫したり考えたりすることが多く，創造性も刺激されて，それが習慣になっていきます。

　これからの教育で大切にしたいのは創造性です。創造性とは教育されるものではありません。もともと人がもっている力だと言われますが，教育が進むにつれてしぼんでいくのです。教育自体は効率的に効果の上がるものでありますが，創造性については，それをしぼませないために絶えず刺激していく方法を考える必要があります。その刺激とは，身体表現の場合，子どもの表現に対して応えていくという双方向性の態度です。そのことで，自分のもっている能力を総動員して集中する習慣を何度でも経験し，体験を重ねることが大切です。

　作ったり，考えたり，創造することは本来夢中になれるものなのです。その楽しさを多く体験して，自分の想像力を伸ばし，創造力につなげていってほしいものです。そのためには，保育者自身が表現的であることが必須条件です。

　創造性を育成することは，身体表現・音楽表現・造形表現など多くの機会に行うことができます。それは同時に，歌うこと，踊ること，絵を描くこと等の表現活動そのものが子どものカウンセリング・マインドと関係しているということです。子ども達の思いが身体を使って外に出せるように，励ましていける暖かさと新しい創造を受け入れられる大らかさをもつようにしたいものです。そのためには，表現されたものに保育者の価値観をあてはめて見ないということです。

> 創造性を刺激する

〈準備物：絵本・新聞紙人数分・はさみ・のり・セロテープ〉
① 創造性のテストを行う。
　1分間で新聞紙を使って何ができるかを書き出す。
　自分で書いたものの数（A）と，使い道（例えば「つるを折る」「かぶとを折る」は「折り紙に使う」にまとめる）でまとめた数（B）を足して，何点になるか計算する（A＋B）。得点の高い方が創造性が高いと考える。
② 絵本『ぶんぶんぶんしんぶんし』福音館，かがくのとも，1998年2月号を読み，改めて使い方の多様性を見る。
③ 数人のグループを作り，新聞紙を使って造形を行う。
④ 作った新聞紙の作品を用いて，グループで身体表現の作品を作る。
⑤ 互いに鑑賞する。

織田道代（文）・古川タク（絵）『ぶんぶんぶんしんぶんし』かがくのとも，1998年2月号．

4　絵本を読む

　身体表現はストーリーを大事にします。それは日常の表現あそびにおいてもよく見られますが，特に生活発表会や運動会では絵本に着想したものが多くあります。そのことを考えると絵本に精通しているのは好都合です。声を出して朗読すると，読み聞かせの力も伸びてきます。講義のときに，毎回1冊ずつ読み聞かせをすることで，全員の絵本に対する関心も深まります。

　また，保育現場では子ども達が絵本を読んでもらった後で，そのお話を再現する場面がよく見られます。そのためにも，保育者は絵本を多く読んで，いろいろなお話を知っておくことが大切です。子ども達の現状を見て，今何が必要か，子ども達に必要なお話は何かを察知する必要があります。いざ，生活発表会だというときにお話から読んでいたのでは間に合いませんし，そういう選び方は保育者自身が楽しくありません。毎日1冊ずつ読んでいくことはそんなに苦にならないし，1年で300冊ぐらいは読めるでしょう。その中には印象に残ったものがいくつかは出てきます。それを子どもたちに読んであげると，きっと子ども達の心に残るでしょう。そのうち，絵本は哲学的で味のあるものだということがわかってくるでしょう。そして，この絵本のストーリーを子ども達に体験させてやりたいという気持ちがわくと思います。

　絵本には自分で体験できない世界がたくさんあります。子どもと共に身体表現を楽しむためには，自分の体験していない世界も知っておくほうが創造の幅が広がります。大学の図書館や町の図書館では絵本を多く備えていますので，身近で手に入るはずです。身体表現の授業の課題に絵本を100冊以上読むこと，というのがあってもいいのではないでしょうか。

> **絵本への動機づけ**
>
> ①ブックランニング：本を何冊読んだか，グループ合戦を行う。
> ②読み聞かせ大会を行う：あらかじめグループごとに予選をして代表者を選んでおき，もっとも上手に読めた者を選ぶ。
> ③絵本の読み聞かせ優勝者の絵本に効果音の伴奏をつける。
> ④効果音をつけて読み聞かせを鑑賞し合う。

5 双方向性を大事にする

　身体表現は子ども一人でも自由にできます。しかし，そのうちの多くは，誰かに見てもらうためのものなのです。そして，その応えを待っています。「よくできたね」という応えはその一つでしょう。しかし，身体表現を行う必然性から生まれた時は，「よくできたね」以上の価値をもつ応えが必ずあるはずです。自分の言ったことが受け入れられたときのうれしさ，満足感は何にも代えがたい次への表現意欲につながります。もしかしたら，身体表現というのは双方向に張られた見えない糸のつながり方なのかもしれません。そのことを知って，「よくできたね」だけではなく，そこに子どもの意図を汲み取って返す表現力を身につけてほしいものです。

　保育者は，ことばだけでなく，あらゆる手段を使って応えていくことが子どもの表現力を育てます。例えば，子どもの考えを取り入れて実際に演じてみる，アイディアについてみんなに相談してみる，曖昧なことは質問してみる，など場面によっていろいろあると思います。これは一対一の場合は可能です。しかし，集団の場合は保育者一人に子どもが多勢という場合があります。そのときでも，いろいろな考えを聞いて，その中から選ぶなど，応えていく方法を模索してほしいものです。

　ここで，双方向性を意識した授業の紹介をしましょう。

> **漫才を楽しもう**
>
> 　漫才のかけ合いはタイミングとことばを巧みに使う格好の訓練になります。手順は次のようです。
>
> ①漫才の組み合わせを決めます。やりとりのタイミングや話の興味を考えて自由に2人組になる。
> ②漫才のネタを何にするかを決めます。
> 　子どもたちの何故？　の質問にどう答えるかが課題としては面白いと思います。
> 　受講生の2分の1のネタを用意します。その例をあげます。
> 　・きりんさんの首は何故長いの
> 　・赤ちゃんはどこから生まれるの
> 　・サンタさんはどこからくるの

・お風呂には何故入るの
・子どもは何故早く寝ないといけないの
・気に食わないって何を食べないの
・1＋1＝2は何故？　泥団子は2つ足してもひとつになるよ
・お父さんのおなかは大きく膨らんでいるけど，中には何が入っているの
・赤ちゃんは何故よちよちとしかあるけないの
・お空は何故青いの
・影が僕についてきて怖いから，どこかへやってよ
・星は何故夜しか見えないの
・お父さんには何故おっぱいがないの
・さるのお尻は何故赤いの
・虹は何故7色なの
・赤ちゃんは何故かわいいの，など。
③くじ引きでどのネタにするかを決める。
④15分間，2人で相談して話を決める。
⑤グループで順番を決めて話を披露する。
⑥どのグループが面白かったか，その理由など互いに評価し合う。

6　表現力を育てる

　表現をしているときに，動きを引き出したり発展させていくときには，ことばがけが大きな力を発揮します。ことばがけはこんなものがよいというお手本はありません。場面に応じて必要だと思うことを，否定的な方向からではなく肯定的な方向から，タイミングよくかけていくようにしましょう。いくつかの例をご紹介しましょう。

・Aちゃんが小さな子どもの手をとって，「こっちへおいで」と盆踊りの輪に入れたときのほほえましさには，見ている人が感心させられました。踊っているのか歩いているのかわからない小さい子どもの手つなぎ盆踊りで，2人とも楽しそうでした。
・ストーリーを使った表現で，「どこかに隠れるところはないか」と探している場面では，「あっちだ」の一声で，会場内の子どもたちがわーっとあっちの方向に移動したダイナミックな場面を見たこともあります。これは方向を示すことばがけですが，大変効果的でした。
・動きをパントマイムのように行っている子どもに，「リズムをつけたらどうかなあ」と言っただけで，ぐんと動きができてきた例があります。それを見て保育者が，「声を出すともっと元気が出るよ」と言うと，さらにリズミカルに力強い演技になったというように，指導者と子どもたちのやりとりで，動きが豊かになっていく例があります。

第Ⅰ部　身体表現とは何か

　以上のように、保育者のことばがけは、身体表現においては大きな意味をもつもので、適切なことばがけは、日常の子どもの姿をよく観察することから導き出せます。

　動きを引き出す効果的な方法に、想像的対象（透明人間）を登場させると、身体表現が容易にできます。それを表現のスケッチを通して行うと、楽しんで表現を行うことができます。表現のスケッチは簡単にできて、身体の使い方がよくわかりますし、短い時間で気軽に行うことができます。

　想像的対象を使った表現

○てんぐのかくれみのエクササイズ
　①『てんぐのかくれみの』（木暮正夫（文）・水野二郎（絵）、チャイルド本社、1990年）の絵本を読む。
　②興味をもった箇所を見つける。
　③てんぐがかくれみのを着て、ひこいちを引っ張る場面を表現する。ことばがけ「てんぐが右耳引っ張って、とんとんとんとん　とんとんとん」「今度は左足引っ張って、おっとっとっと　おっとっとっ」などと、身体の部分を言うと、みんなはてんぐに引っ張られているように動く。

○縄跳びエクササイズ
　①教員が見えない長縄を出してくる。
　②2人に見えない縄を渡し、2人はそれを回す。
　③この縄をみんなで跳びこす。
　④いろいろな跳び方を楽しむ（大波・小波・下をくぐるなど）。
　⑤最後に全員が入って大縄跳びをする。
　⑥「縄にひっかかる」「長縄を持つものを交替する」「順番争い」など、ストーリーに発展できる。

○たこあげエクササイズ
　①2人でグループを作る。
　②たことたこをあげる人のどちらかを決める。

52

③たこをあげる様子を表現する。
④たこあげ大会を行う。落ちる・糸が絡む・あがらない・ゆうゆうと空を舞う・たこを修理する，など。
⑤「魚釣り」「風と木」など，他のものについても，みんなの発案でやってみる。

○目線エクササイズ
①目線だけで，表現を行う。目線はそれだけで十分力をもつことを説明する。
・文楽の人形が3人で動かされていること，顔を操る人がいなかったときの表現と3人がそろって動くときの表現の違いを知る。
・映画「マイフェアレディ」の競馬のシーンを見せる。そこには馬の走る音が遠くから聞こえてきて，また去っていく効果音がある。その他は，そこで見ている観客の顔がそろって，馬の走る方向を見ているだけであるが，競馬の場面であることがよくわかることを知る。
②全員でバレーボールを追っている視線をやってみる。
③グループに分かれて視線の表現を行い，何を見ているのかを当て合う。

○原子世界エクササイズ
①水を構成している元素を言う。水素と酸素の役目を決め，水の表現をする。
②寒い時期の設定で凍った水の表現をする。
③四角い器や丸い器に入った水，流れる水など，水の様々な様態を表現する。
④他の原子でもやってみる。

流れる H_2O　　　氷った H_2O

第Ⅰ部　身体表現とは何か

> 楽しいうたを表現する

○働く車

〈伊藤アキラ（作詞）越部信義（作曲・編曲）増原喜代・直原信子・新リズム表現研究会（ふり付け）「ひらけ！ポンキッキ」〉

①基本的な踊りを覚える。
②歌全体の構成を説明し，車の表現は自由に行うようにする。
③曲に合わせて踊り，自由表現のところは一人で表現をする。

〈踊り方〉

伴奏：各人が車のハンドルを持って運転しているように表現しながら登場する。

8拍×2：両手で手招きをしながら，ランニングステップをその場で行う。

8拍×2：ガッツポーズを右と左に行い，それを繰り返す。

8拍×8：ハンドルを握って8拍ランニングを行う。（8拍×1）

歌詞で「消防車」というように車の種類がわかるセリフが入る。

歌詞に出てきた車に関係する表現を行う。

コンクリートミキサー車　　パトロールカー　　ロードローラー　など自由表現

8拍×4：あちこちを指差して（8），眺める（8）。これをもう一度行う。
8拍×4：ハンドルを握ってその場でランニングする。

伴奏

歌詞に出てくる車の種類は以下のようである。

歌1		歌2	
1番	郵便車	1番	パトロールカー
	清掃車		タラップ車
	救急車		散水車
	消防車		中継車
2番	カーキャリア	2番	幼稚園バス
	パネルバン		宅配車
	レッカー車		給食運搬車
	タンクローリー		冷凍車
3番	フォークリフト	3番	コンクリートミキサー車
	ブルドーザー		ブルドーザー
	ショベルカー		ショベルカー
	ダンプカー		ダンプカー

④2人組になり車の表現を行う。
⑤数人が一組になり，車の表現をする。
⑥数人がグループになり，自分たちの作品を創る。
⑦必要に応じて音に声の表現を加える。
⑧グループで創作し，互いに発表する。

7 明るく魅力的であること

　齋藤は「『あこがれにあこがれる関係』が，教育原理であると私は考える……力学ではベクトルの長さが長いほど力が大きい。フェルメールやモーツァルトの絵画や音楽に対するベクトルの強さは巨大だ。こうした巨大なあこがれのベクトルにうまく触れることができると，自分の中にもあこがれのベクトルが生まれる。人のあこがれに自分のあこがれが寄り添ってしまうと言うことは，私たちにとって自然な傾向だ」と言います（図3-1）。

　子どもは保育者に憧れます。そして，表現力は環境に影響を受けることは今までお話してきました。そのように考えると，二重三重に保育者に自分を近づけようとします。したがって，保育者は常に明るく魅力的でなければなりません。表現力は憧れをもちその人に近づこうとするときに大きく躍進します。憧れに向かおうとする気持ちはそのまま表現の方向性を具体的にもつことになり，何をすればよいかを考えることができるのです。幼児期はそばにいる人に基本的には憧れます。明るくて魅力的な保育者はそのまま，子どもたちの目標なのです。

　表現あそびやふれあいあそびでのやり方は，子ども達の心に強く残ることでしょう。憧れである保育者とのやり取りは子どもの育ちに，特に表現力に大きくかかわること

第Ⅰ部　身体表現とは何か

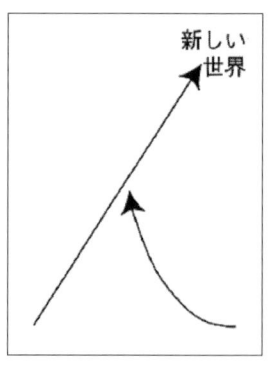

図 3-1　あこがれにあこがれるベクトル図
出所：齋藤, 2001, p.25.

になるでしょう。そして，子どもたちにことばがけをするときは，子どもたちの手足や身体が動かすことができるように具体的に，かつ動きを引き出すことに神経を注ぎ過ぎて窮屈にならないように，子どもたちが表現に夢中になれるようにしていきましょう。

2 保育者が指導する上で重要視していること

　子どもの身体表現力を豊かに育てるために，保育者はどのようなことを重要視し，保育を行っているのでしょうか。ここでは，筆者らが保育者を対象に行った調査結果をもとに考えたいと思います。保育者は身体表現に関連する保育実践において，3つの視点をもって子ども達の表現の指導にあたっていることが明らかになりました。その3つの視点について，いくつかのエピソードから考えてみたいと思います。

1　生活の様々な場面での表現

> エピソード3-1　「電気がピカピカしてる」（3歳児）
>
> 　ホールであそんでいたAが担任保育者の私を呼びにきた。「先生，電気が消えそう」。行ってみるとホールの真ん中あたりの蛍光灯がきれかかって，ついたり消えたりしていた。「本当ね，新しいのに換えないといけないね」とAに言うと，Aは「ピッカッ，ピッカッ」と言いながら手を握ったり開いたりしていた。「Aくん，それなあに？」と聞くと，「電気がピカピカしてる」と楽しげに言う。私もつられて「ピッカッ，ピッカッ」としてみると，「Bちゃんにも知らせてくる」と言って，仲良しのBを探しにいった。

第3章　保育者と身体表現

> **エピソード3-2　ひこうき（2歳児）**
>
> 　クラスのみんなで近くの公園まで散歩に行ったとき。上空を飛ぶ飛行機に気づいたCが「ひこうき！」と言って両腕を広げて見せた。近くにいたDとEも空を見上げて，「ひこうき！」と両腕を広げた。Cは両腕を広げたまま走り出し，大空を飛ぶ飛行機のように羽ばたいた。その様子につられるようにDとEも羽ばたいた。

写真3-1　ひこうき！

　音楽に合わせて踊ることや生活発表会の劇で演じることだけが身体表現ではありません。園生活の様々な場面で見られるごく素朴な表現も大切にしたいものです。子ども達は園の環境から刺激を受け，心を動かされたことを身体を通して表現します。ことばの発達が十分でない低年齢児ほど，自分の気持ちを身体を通して表現します。エピソード3-1のAは，電気がついたり消えたりピカピカしている様子に面白さを感じ，そのことを手で表現したのです。自分が感じたことを自分なりに表現することの積み重ねが，主体性や自発性の育ちにつながっていきます。

　また，エピソード3-2の子ども達は，両腕を広げて飛行機の姿を表現し，さらに走ることで空を飛んでいる様子を表したのです。「ひこうきって大きいな」「ぼくも空を飛びたいな」と感じた子どももいたかもしれません。最近の子ども達は生活経験が乏しくなってきていると指摘されています。動物であったり植物であったりを直接見たり，においを嗅いだりする経験が少なくなってきているのです。例えば，飛行機を見たことのない子どもが，表現あそびの中で「飛行機のように飛んでみましょう」と言われても，どうしていいかわからなくなって当然です。園生活を通して生活にまつわる経験値を高めていくことが求められています。

> **エピソード3-3　じっとしている2人（3歳児）**
>
> 　保育室の隅っこでFとGがじっと座っている。不思議に思った保育者が「どうしたの？」と尋ねると，「さなぎなの」と答えた。前日，クラスで飼育している青虫がここ数日の間にさなぎに変化してきた様子について，みんなで観察したところだった。

　身体表現というと，身体を活発に動かすことを思い浮かべると思いますが，静かにじっとしていることも大切な身体表現です。子どもを取り巻く生活環境には，動きのあるものも動きのない（ように見える）ものもあります。子ども達はその両方から刺激を受け，表現しています。

2 決まった型のある表現を通して

> **エピソード3-4　運動会のダンスを活かして（4歳児）**
>
> 　運動会終了後，CDデッキを自由に使えるようにテラスに準備しておくと「ねぇ，何にする」と言って友達同士で曲を選び自分達で曲をかけて踊り出した（曲は運動会で自分のクラスや他のクラスが踊った曲）。その様子をしばらくじっと見ていたHは，初めは自分でリズムをとり楽しんでいたが，元気いっぱいに踊る友達の姿につられるように友達の輪の中に加わった。「次は○○○踊りたい」「いいよー」と，友達と一緒に表現することをくり返し楽しんでいた。
> 　翌日，テラスに巧技台を並べていたらステージに見立ててその上で踊る姿が見られた。また，運動会で使ったポンポンやリボン等を付けて踊ったり，椅子を持ってきてお客さんになる子どももいたり，しばらくの間，あそびが続いていった。

　運動会で曲に合わせて踊ることは，多くの園で見られることです。年長クラスであれば，振り付けの一部を子ども達が考えているところもあります。振り付けというある程度決まった型のある表現に対しては，子どもの主体性が充分に発揮されないなどの理由から否定的な考え方もあります。しかし，みんなとリズムを共有し，同調して動くことが子どもの心的発達に大きな意味をもつことが指摘されています（古市，1996，pp.19-25.）。曲に合わせて踊ったり，友達と同じ動きをそろってしたりすることで，楽しさや喜びを感じ，達成感や満足感を得る経験となるのです。

　運動会などで決まった型のある表現をする際，運動会のためだけの取り組みとならないようにすることが大切です。エピソード3-4では，運動会で取り組んだことがその後の日常保育で活かされています。運動会での楽しかった思いがそうさせたのでしょう。子ども達が自ら曲を選び，友達同士で楽しんで表現し，また小道具を使用したり，お客さん役の子どもがいたりと，子ども達があそびを展開していく中で，主体性や創造性が発揮されています。

> **エピソード3-5　アヒル（4歳児）**
>
> 　ピアノのリズムに合わせて動物などになってあそぶリズムあそびを継続して楽しめるようになってきたころ，いつものようにしゃがんで両手を身体の後ろで組み，アヒルになって歩いていた。上手く体勢が整えられず前のめりになってしまうIに「おすもうさん（身体をそらせすぎ）でもなく，おばあさん（身体を前のめり）でもないのがアヒルさんだよ」と声をかけていた。くり返しの経験で随分アヒルっぽく歩けるようになったと思い見ていると，口をとがらせて顔もアヒルになっていた。身体の使い方がわかりアヒルのように歩けるようになったことのうれしさや余裕からアヒル口になったIだった。

　動物の姿や動きを表現するあそびは，子ども達は大好きです。エピソード3-5の子ども達のクラスでは，ある程度決まったアヒルの姿・動きがあるのでしょう。その

姿・動きをくり返す中から，その子独自の表現（アヒル口）が見られました。決まった振り付けや動きのある表現は，子どもにそれを押し付けて型どおりに表現できることばかりを求めるのではなく，子どもがよりそのもの（ここではアヒル）らしく表現できていく過程において，楽しさやうれしさを感じることを大切にしたいものです。その楽しさやうれしさがその子らしい豊かな身体表現につながるのです。

3　子ども個人の発達と友達関係の広がり・深まり

> **エピソード3-6　友達に誘われて（2歳児）**
>
> 　4月から行っているリズムあそび。半年経ち，ほとんどの子ども達がピアノの音を聞くだけで「うさぎさん」「かめさん」とことばに出し，自然とリズムに合わせて模倣するようになった。しかし，Sだけが部屋の隅で座り込み，友達のやっていることをいつも見ているだけだった。「先生と一緒にやろう」と手を出し誘うが，恥ずかしいのか，やりたくないのか，しゃがんでしまう。「みんなと一緒に身体を動かすの，楽しいのに……どうやって誘うといいのかな」と毎日考えていた。
>
> 　ある日，「さあ今日もリズムあそびしようね」と子ども達に話し，始めようとすると，TがSに笑いかけ手をつなぎに行った。「そういえば，最近SとTは仲良くままごとやブロックであそんでいた。ひょっとして……」チャンスと思い2人の様子を見守りながら，リズムあそびを進めていった。「うさぎ」のリズムになると2人で手をつなぎ，うさぎになってジャンプしはじめた。「おー‼　いいぞ‼」と思わず声が出そうになったが，Sがすぐにやめてしまうのではと内心不安でもあった。「楽しいねー。もっとうさぎさんみたいにピョンピョンとべるかな？」と声をかけると，Sは笑顔で何度もぴょんぴょんととんで見せた。そんな様子を見て，私もとてもうれしくなり，2歳児の子ども達にとっても友達の存在は大切なんだなと実感した。

> **エピソード3-7　「魚はこうだよ！」（5歳児）**
>
> 　ピアノの曲に合わせて"魚"になるという表現あそびをしたとき。普段から魚が大好きなUは，周りの子が寝そべって足をバタバタさせている動きを見て「違う！　魚はこうだよ‼」と言って体を真っすぐ寝そべらせて，頭から足先まで小刻みに動かして見せた。周りの子ども達も「そうか」といった感じで同じような動きを始めた。友達の動きを真似ることから，あそびがだんだんと広がり，活きのいい"魚"があちらこちらで泳いでいた。

　他の章でも説明されているように，子ども達の身体表現にとって友達の存在はとても重要です。これまでのエピソードでも友達とのかかわりがたくさん出てきています。エピソード3-6のように，友達からの誘いが身体表現をするきっかけとなることもあります。また，友達と一緒に身体表現活動をすることによって，友達との関係が深まることもあります。エピソード3-7では，Uの豊かな身体表現が他の子ども達に広が

っていったという例です。

　子ども達は友達から刺激を受け，様々な表現活動に取り組んだり，友達の真似をしたり，友達に認められたいと感じたりする中で，一人ひとりの表現力を高めていきます。子ども個人の発達が友達関係の広がりや深まりにつながったり，友達との関係が個人の発達を促したりするのです。エピソード3-7のUは大好きな魚を豊かに表現し，それを見た子ども達の中には「Uはすごいなぁ」や「Uはこんなこともできるんだ」とUを認めたり，Uのよさを再確認した子どももいたことでしょう。そのことがUと他児との関係を深めることにつながるのです。また，Uの豊かな表現が他児一人ひとりの表現力の向上につながることも考えられます。

> **エピソード3-8　おおかみと7ひきのこやぎ（3歳児）**
>
> 「おおかみと7ひきのこやぎ」の絵本を見ていたときのこと。
> L児「おおかみって，ガォー！　って大きな口で食べるんだよね」
> M児「そうそう，大きな口だからこわいよね」
> N児「ならJちゃん，ワァ〜ンって泣いちゃうな」
> L児「ならちっちゃくなってそーっとにげちゃえば！」
> と子ども同士話し合った後で，小さくなってにげる所を実際に考え合っていた。その後，3人で「先生，ガォーっておおかみになって来て！」

　エピソード3-8は絵本の内容から刺激を受け，表現あそびに発展していったという例です。3人の子ども達の中でイメージを共有し，絵本の内容を活かしつつ自分達であそびを展開しています。イメージを共有し，一緒に考え合える友達がいたからこそ，自分達の表現あそびにつながっていったのです。

　ここまで，身体表現に関連する保育実践において，保育者が重要視している3つの視点に基づき，子ども達が経験していることや子ども達の育ちについて見てきました。では，エピソードに出てきたような経験を子ども達がするためには，保育者としてどのようなかかわりが必要でしょうか。他の章の内容をしっかりと読み，理解を深めてください。

3　保育者の抱える身体表現の指導上の悩み

　子どもの身体表現力を豊かに育てるために，保育者は日々保育を行っています。その中で，様々な悩みを抱えながら奮闘する保育者の姿があります。ここでは，前節と同じく筆者らが行った調査から明らかとなった，保育者の抱える身体表現の指導上の

悩みについて，具体的な声を紹介したいと思います。

1 保育内容や方法について

- 子ども達が自ら表現したくなるような環境作りや進め方をするためにはどうしたらよいか，いつも考える。
- 保育者が集団作りなどをねらいとした"したい表現"と，保護者が"見たい表現"が合わないことがある。表現活動の大切さを伝えることの難しさを感じる。
- 低年齢児であれば「身体表現を楽しむ」ことが第一なので，型にはめずに，伸び伸びと表現できたらほめているが，発表会となるとどうしても保護者の目を意識してしまい，子ども達が充分に楽しめているか不安に感じる。

すべての保育活動にあてはまることですが，子どもが主体性をもって様々な環境に働きかけ，また環境から刺激を受けてあそびが展開されることは，身体表現の領域においてもとても大切です。しかし，特に運動会や生活発表会といった「見てもらう」ことを伴った保育の場合に，保育者は子どもの主体性を大切にしつつも，作品を完成させることから得られる達成感なども子ども達に経験してほしいと願っています。子どもの主体性を大切にしつつ，一定の成果も経験できるように保育することに難しさを感じている保育者の姿があります。子どもの表現にとって何が大切なのかをじっくりと考え，そのことを保護者に丁寧に説明し，保護者の理解を得ながら保育を行っていく姿勢が大切です。

2 個々の子どもへの対応について

- 子どもが実際に経験したことはイメージもふくらみやすいが，あまり経験したことのない物事のイメージをどのようにもたせて表現につなげるのがいいのか悩む。例えば，キノコをさわったり，見たりすることが少なく，子どものイメージが貧困であった。
- 身体表現に全く興味がなく，周りが楽しそうに踊ったり，恥ずかしくても一生懸命取り組んでいる子どもの横で座ってしまったり，集中力がすぐなくなる子に，どう対応していけばいいか，と悩む。
- 今の子ども（特に男の子）がキャラクターものが好きで，音楽などもそれらにしか反応しなかったり，ごっこあそびもそれらに限定されている子が多いことに悩む。

子どもの育つ環境の変化が身体表現の指導に影響を与えていることが窺えます。生活経験の乏しさや集中力の低下などについては，その解決策を保育全体で考えていかなければいけません。個々の子どもの育ちを丁寧に読み解き，前節であげたような保育実践を通して子どもの身体表現力を高めていくことが必要です。

3 保育者自身の課題について

・子ども達が自然にスキップしたりできるような曲のレパートリーがなく，いつも行進曲のような曲ばかり弾いてしまう。
・自分自身の感性が子ども達に伝わるので，より自分を磨いておき敏感であるように保つことに苦労する。
・動物などの動きを保育者が子どもの前で豊かに表現できないため，子どもにうまく伝わらない。保育者の身体表現力が子どもの表現の豊かさに直につながっているので，モデルとしての保育者に身体表現力の高さが求められるが，豊かに表現できない。

　子どもの身体表現力を豊かに育てるためには，保育者には高い専門性が求められます。保育の内容や方法を考えたり，子ども達のモデルとしてふるまうことを求められます。つねに向上心をもって，自分自身の身体表現力を高めていくことが何にもまして大切です。

引用・参考文献

古市久子「幼児の身体表現活動における諸側面についての一考察」大阪教育大学幼稚園教
　　員養成課程紀要エデュケア，**16**，1996年.
齋藤　孝『子どもに伝えたい〈三つの力〉──生きる力を鍛える』NHKブックス，2001年.

第4章　子ども達と身体表現

1　0〜1歳児の身体表現

筆者の実際の子育て体験を通した，母と子のふれあいあそびの記録から，母と子のかかわりを見ていきましょう。

1　0〜3か月未満

産まれたばかりは，授乳とおむつ交換以外，ほとんどを寝て過ごす生活です。2か月を過ぎるころになると，玩具や母親の手のひらを注視できるようになりました。産まれてからずっと，「小鳥の歌」や「ぞうさん」等の童謡を歌っていました。子どもにうたを歌ってあげると，ジーッと静かに聞いています。うたを聞いていると感じるようになったのは，2か月以降からでした。お互いの目の焦点は，合ったり合わなかったりします。寝たままの姿勢で「めんめんすーすー」「おでこさんをまいて」「いちりにり」のわらべうたを歌っても，身体的な反応は見られませんでした。双方向的な視点に関しては，母親からの働きかけのみに思えました。

①めんめんすーすー

②おでこさんをまいて

③いちりにり

　　　いちり　　　　にり　　　　さんり　　　しり　しり　しり　しり

2　3〜6か月未満

　寝たまま中心の生活から，首がすわり，寝返りができようになりました。自分の側にある玩具を取ったりと，行動範囲も広がります。玩具をはじめ，目で見て興味をもった物は，自分の意思で手に取って何でもなめます。なめてその物を確かめ，物の特徴や感覚を楽しんでいるようでした。プレイジムの玩具でも，寝転んで見ているだけから，さわるようになってあそべるようになりました。童謡は好きで，歌いかけるとうれしそうに聞いてくれました。目を開けて顔をジーっと見ながら，聞くだけでなく，時折笑顔も見られるようになりました。ガラガラや鈴等の音の出る玩具も好きで，とてもよくあそんでいました。3か月以降になると，意思をもって童謡を聞いているように感じられ，うたを心待ちにしている様子が見られました。

　寝たままの姿勢でできる「めんめんすーすー」と「おでこさんをまいて」のわらべうたを，できるだけ顔に近い位置で，指先で顔にふれながら，優しい声でゆっくり歌うと，ニコッと笑いました。顔にふれられることは気持ちがいいのか，ふれられるのを楽しみに待っている様子が感じられます。「いちりにり」は，身体にふれてくすぐられる場面で，うれしそうに足をバタバタと動かす等の反応が見られました。彼なりの感情表現で，うれしいときは足を動かすのです。「いないいないばー」以外の「ちょちちょちあわわ」「おすわりやす」「にぎりぱっちり」のわらべうたでは，寝たままの姿勢で行うことがほとんどでしたが，双方向的な視点に関しては，母親からの投げかけに対して笑顔や手足を動かしたりする等の，表情や身体的な反応が見られるようになりました。

①ちょちちょちあわわ
　第5章第2節 1 0〜1歳児の指導案　②ちょちちょちあわわを参照。

②おすわりやす

　　　おすわりや　す　いすどっ　せ　あんまりのったら　こけまっ　せ

③にぎりぱっちり

に ぎ り ぱっ ち り た て よ こ ひ よ こ

3　6〜9か月未満

　寝返りで，どこでも好きな所へ移動できるようになりました。その上，ハイハイもできるようになったので，行動範囲がぐんと広がります。お座りも安定してできるようになり，両手を使えるようになったので，好きな玩具でまとまった時間あそべるようになりました。6か月を境にして，わらべうたの反応も大きく変わりました。うたを聞き，顔の表情や手足を動かしたりして，しっかりと反応していました。今までとは違って「アッア」「ウーッ」「アーッ」等の，声も出します。寝たままや，お座りの姿勢で，これらのあそびを楽しめるようにもなりました。「めんめんすーすー」や「おでこさんをまいて」の顔にふれられるあそびは，くすぐられるのを気持ちよさそうに楽しみながら，毎回最後の箇所で，うれしそうにニコッと笑うのです。「いちりにり」は，最後の「さんり」の場面で，お尻やわきの下をくすぐられるのを楽しんでいます。最初はくすぐられる面白さがわからなかったようですが，月齢が進むにつれて，くすぐられるのを楽しんで待つ様子が見られました。「おすわりやす」は，母親の膝から下に落ちる最後の「ドシン」の箇所を楽しんでいました（写真4-1）。最初は怖がっていたのに，今では母親の膝の下に落ちる所を，心待ちにしている姿が見られました。両足をバタバタと動かしたり，「キャッ，キャッ」と声を出したりと，わくわくする様子が見られ，余裕すら感じられました。「ちょちちょちあわわ」と「いないいないばー」は，母親の動きを見ているのみでしたが，次第に母親の動作に対して，自分の手を近付けたりさわったりと，何らかのかかわりを求めてくることが何度かありました。

　「にぎりぱっちり」は布を使っていますが，3か月ころから，興味をもって布の動きをみつめる様子が見られました。4か月以降になると，布をつかんだりさわったりする等，布に対して反応するようになります（エピソード4-1）。このように母親と子どもとの間には，双方向的なかかわりが多く見られるようになりました。

写真4-1　おすわりやす

第Ⅰ部　身体表現とは何か

> **エピソード4-1　「にぎりぱっちり」（6か月）**
>
> 「にぎりぱっちり」のうたを歌い，最後の「ぴよぴよぴよ」の歌詞に合わせて，両手の中から布を出すと，くいいるように布を見つめる。一生懸命に，手で布をさわろうとする。布にふれると，うれしそうにニコッと笑う。何度も布にふれて，楽しんでいる（写真4-2）。「S，はいっ」と，布を顔にかぶせると，寝ている姿勢のときは鼻息も荒く，大興奮して両手足をバタバタと大きく動かす。「Sうれしいの，どんな色に見える？」と聞くと，「アー，アー」と声も出して，とても喜んでいる様子が見られた。座っている姿勢のときは，頭にかかった布を必死になって両手を使って取ろうとした。
>
> **写真4-2　にぎりぱっちり**

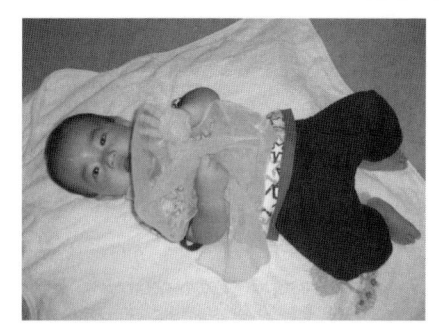

4　9か月〜1歳1か月未満

9か月になって，つかまり立ちができるようになりました。10か月ころから，つたい歩きもできるようになりましたが，まだ一人では立って歩くことができません。移動はハイハイが中心ですが，とても速いスピードでハイハイをします。好きな所へ移動し，引き出しを開けて物を出したり，ティッシュを1枚ずつ引き出したりしてあそぶ様子が見られました。玩具でもあそびますが，棚のものを落としたり，電気の差し込み口をさわったり，ドアの開け閉めをしたりと，探索行動で見つけたものに興味をもって，くり返しあそぶことが楽しい様子でした。「いないいないばー」は，母親の顔が覆われた両手から出てくるのを心待ちにしています。自分でも動きを模倣してできるようになりました（エピソード4-2）。今までとは違って，1歳前後で模倣ができるようなったことが，大きな変化に思えました。

こういったあそびを通して，お互いが表現のやり取りをしているということを実感できるようになると，あそぶことが今まで以上に楽しくなりました（エピソード4-3）。このように，母親と子どもとの間には，双方向的なかかわりが多様に見られました。

> **エピソード4-2　「いないいないばー」（9か月）**
>
> 向かいあって座り「いないいないばー」をすると，「ばー」の所では，いつになったら母親の顔が，両手の中から出てくるのかなと，待っている様子。顔が出てきたら，ニッコリと満面の笑顔を見せる。歯を見せて「キャッキャッ」と笑う。「ばー」の所を何度かくり返してあそぶと，「ばー」と同じよう
>
> **写真4-3　いないいないばー**

第4章　子ども達と身体表現

にことばで言えるようになった。「Sすごいね，ばーって言えるの」と声をかけると喜ぶ。楽しくて何回もくり返すうちに，「ばー」のタイミングが合うようになる。「よかったね，同じだね」と言うと，ニコニコしながら「パチパチ」と拍手をして喜ぶ（写真4-3）。

　一人あそびのときも，気づくとベランダの窓のレースのカーテンをめくって，「ばー」のあそびをくり返している。「すごいね，ばーであそんでるの」と声をかけると喜んで笑う。食事のとき，椅子に座っていると，スタイ（よだれかけ）で顔を隠して，「ばー」のあそびをしていた。寝起きに自分の布団で顔を出したり，隠れたりして，「ばー」のあそびをしていたときもある。いろいろなものでできるんだなと，思わず笑ってしまった。

エピソード4-3　「ちょちちょちあわわ」（11か月）

　向かいあって座り，「ちょちちょちあわわ」をして見せる。最初はただ聞くのみで，「ちょちちょち」のリズムを楽しんでいる様子。真剣なまなざしで母親の動作を見つめている。くり返し見ているうちに，「ちょちちょち」の所で両手をパチパチと叩けるようになった。

　次に，「おつむてんてん」をやって見せると，「てんてん」の所で，片手の手の平を，自分の頭の上にのせる（写真4-4）。本来は，「てんてん」の所で，頭を軽く手で叩く。自分では頭をてんてんしているつもりでも，実際は手をのせているのみで，彼なりの表現を楽しんでいる。その様子を見ていると，

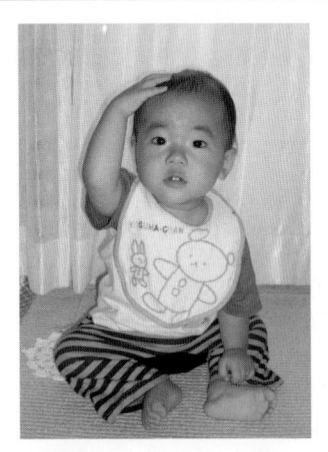

写真4-4　おつむてんてん

とても微笑ましい。「わー，てんてんしてるの。すごいねー」と声をかけると，ニコッと笑いながら何度もくり返す。子どもと一緒に「おつむてんてん」を，何度もくり返してあそんだ。「S上手ね，てんてんできてるね」と言いながら，10回以上もくり返した。よほどこのあそびが好きなのか，「おつむてんてん」の絵本も読むと，「てんてん」の所で手を頭にのせた。

　できるのがうれしいのか，リズムが楽しいのか，「ちょちちょち」で手を叩く表現と，「てんてん」で頭を叩く表現は，最近のお気に入りのあそびになった。このわらべうたをあそぶだけではなく，「S，おつむてんてんして！」「S，ちょちちょちはどうするの？」と，声をかけるのみでお願いしても，喜んでやってくれるようになった。

5　双方向的なかかわりを通して見えたこと

①あそびを通しての気づき

　わらべうたをくり返しあそぶことで，子どもが好む間の取り方が，無意識のうちにわかるようになりました。その結果，声のかけ方や，動作の仕方がうまくなり，子どもの反応に合わせることができました。あそぶことが楽しいので，親子で何度もくり返してあそぶようになりました。あそんでいると知らない間に，優しい声と優しい気持ちになっているのです。流れる時間や空気が静かで落ち着いており，ゆっくりと過

67

ぎていきます。赤ちゃんには，母親が身近に感じられる，優しい語りかけ口調のあそびで充分です。これらのあそびには，ピアノ等の楽器やCDの音楽に，動きやふりを合わせるといった，特別な恣意的な音楽は必要ないと思われます。

　笑顔であそぶことはとても大切なことですが，母親は自然に笑顔であそんでいました。これらのあそびには，赤ちゃんの楽しさに母親が気づき，母親も楽しくなるといった双方向的なあそびのやり取りが自然に見られました。また，あそびは子どもの反応を見ていないとできないので，アイコンタクトの大切さも実感することができました。

②あそびの楽しさ

　単純ではありますが，2人で一緒にあそべること，2人で動作ができることに楽しさを感じました。わらべうたは，ゆっくりとその子どもにあった速さであそぶことができるので，曲に合わせなければとあせったり急いだりする必要がなく，安心感が得られました。

　顔を触ったり身体にふれたりと，子どもにふれあうあそびが多いことに楽しみをもてました。特に幼いときは，体温や皮膚の柔らかさや大きさ等，触ってわかることが多い気がするのです。"タッチケア"ということばがあるように，子どもにタッチすることが大切なことなのだと実感しました。ふれあうと，お互いが安心して心が満たされるのです。子どもと心が一緒になれる気がして，幸せな気持ちにもなれます。さらに愛おしさが増すので，もっとあそびたい，もっと一緒にいたいと思いました。

③母と子の間に見られる双方向性とは

　母親の働きかけに対する子どもの反応は，最初の段階では見ているだけなので，一方通行に感じました。その段階では楽しくないのですが，やめないで続けることが大切だと思います。子どもが小さければ小さいほど，母親の投げかけ全てが双方向的なかかわりに影響を与えているのです。子どもは何もできず，寝たままで聞いているだけに見えますが，全身で母親の心・気持ち・声・雰囲気・全てを感じ取ろうとしているのです。決して，母親の働きかけのみの，一方通行ではありません。おとなとは反応の仕方や，感情の表出が違ったり，できることは限られていますが，双方向的なかかわりは成り立っていると考えられます。どうしても発達差があるので，月齢によってはできることできないことの個人差が大きいと考えます。子どもの発達に合わせて，姿勢を変える・くり返す・模倣ができるようにゆっくりする・速さを変える等のことを，配慮しながらやっていくとよいでしょう。

　この一年間をふり返ってみますと，模倣をする以前の段階では，うたを歌うと母親の顔をじっと見つめる様子から，うたを聞いてくれていることを実感しました。さらに，母親の動作を見て手足をバタバタと動かす様子から，このあそびが好きでうれしくて手と足を動かしているのだなと，子どもの気持ちが読み取れることに喜びを得ま

した。あっという間に6か月が過ぎ，一体いつになったらあそびを一緒にしてくれるようになるのかと思っていました。初めて「おつむてんてん」と「ちょちちょちあわわ」のあそびに反応してくれたときの感動は，とても忘れ難いものになりました。思わず何度もくり返して，「偉いねー」「かわいいねー」「できたの」と，大きな声をかけていました。子どもの成長を見ながら，一緒にあそぶことができたこの一年は，母と子の間に流れる時間がとても特別なものに感じました。

2 2～3歳児の身体表現

　2～3歳児の身体表現を見てみましょう。0～1歳児は一対一の関係を重視したあそびが主流でしたが，2～3歳児は，友達と共に表現する楽しさを少しずつ経験していきます。ですが，まだまだ自分を中心とした世界にとっぷりつかっている年齢ですので，一人ひとりの世界を大切に受けとめながら，表現をする楽しさを経験していけるよう上手く導きましょう。この年齢は，恥ずかしいという感情より，表現したい！という思いの方が強い年齢です。保育者は，子どもの世界を理解し，表現を受けとめ，共に動くという積み重ねが大切です。

　それでは，保育内で見られる子ども達の表現あそびを事例に，2～3歳児の表現について見ていきましょう。

1 身近で単純な動きを楽しむ表現あそび

> エピソード4-4　お花畑（3歳児）
>
> 　保育室からホールへ移動する時間。環境の変化に不安を感じるAが，移動することに気づき，不安になって泣き出した。その姿を見て他の子ども達も不安が連鎖しはじめるのを感じた保育者は，「今から，お花がたくさん咲いているお花畑にみんなで行きますよ。どう？　行く？」「行きたい！」「それじゃ，先生はくまさんになって行こうかな」「みんなは？」「うさぎ！」「可愛いすみれ組うさちゃん達出発！」それぞれ思い思いのうさぎになってピョンピョン廊下を進んで行く子ども達の姿が見られ，みんなホールへ向かって移動を開始した。Aもくまさん先生に背負ってもらいながら移動をしはじめた。途中で休憩しているうさぎさんや，園庭にある鯉のぼりを見ているうさぎさんなど，友達の姿を見ると，「私もうさぎぴょんぴょんする」と言い，ニコニコ笑顔で先生の背中から降り，うさぎに変身した。ホールに到着する前に，子ども達には「広いホールはお花畑だよ。たくさんお花があるので，みんなでお花をつんでね」とことばをかけた。

　初めての集団生活を経験する2～3歳児は，新しい環境に慣れるまでに時間を要し

ます。新学期が始まり1か月もすると、ようやく新しいクラスと新しい先生に慣れてきますが、まだまだ安心して過ごすには時間がかかる子ども達もいます。特に、環境の変化を不安に思う子ども達は多いです。保育者は、子どもが移動をするときに不安になるという心情を素早く察知し、子ども達が大好きなうさぎに変身して、お花畑と見立てたホールへ移動したという例です。このように、2～3歳児の保育は、子ども達の心情や様子を見て、臨機応変に表現あそびを取り入れるという場面が多々あります。生活そのものが子ども達にとっては表現であると感じることのできる年齢です。

エピソード4-5　ぞうさん（3歳児）

先生と子ども達が初めて出会う登園初日の出来事である。保育者がみんなと一緒に歌う初めてのうたとして選んだのは「ぞうさん」だった。ゆっくりとしたテンポで保育者は歌い出した。「動物園にいるぞうさんに聞こえるように歌ってみよう」。このうたを知っている子ども達も多く、だんだん声が重なっていく。一通り歌ったあと、「どこが長いのかな？」「おはな！」「ぶらんぶらんするの」自然に子ども達がぞうさんの真似をし出した。手を長くぶらぶらさせる子ども、背中をかがめてドシドシ歩く子ども、それぞれのぞうさんの表現が可愛い。ピアノを弾き出すと、先生のうたとリズムに合わせてぞうさんになりきって表現する子どもがたくさんいた。表現する友達を見てニコニコする子ども、うたや活動には参加できず座りこんでいる子どもなど様々であるが、クラスの一体感を感じるひとときであった。

2～3歳児はまだ身体を自由自在に動かすことはできず、早いリズムについていくこともできないので、ピョンピョン、ぐるぐるなどわかりやすい表現や、うさぎやかえるなどの身近で単純なものの表現をすることで、子ども達は楽しみながら表現をすることができるようになります。エピソード4-5は、ぞうさんのうたを歌うことから表現あそびへとつなげていった一例です。2～3歳児は、歌いながら表現をすること（2つの動作を同時にすること）がまだ難しい年齢です。表現に夢中になると歌うことへの意識がおろそかになる子どもがいたり、うたが好きな子どもは、一生懸命うたに集中するあまり、表現することにまで気が回らないなど、そのような姿は日常的に見られます。まだまだ多方面に意識を分散することが難しい年齢ですので、2～3歳児の表現あそびを考えるときは、簡単な動き、身近な動き、単純な動きを中心に考えるのがよいでしょう。

2　多様な動きを取り入れた表現あそび

> **エピソード4-6　どんぐり（２歳児）**
>
> 　先日，遠足で子ども達はどんぐり拾いを経験した。部屋の中で「どんぐりころころ」のうたを歌うときも，どんぐり拾いを思い出してか，声が一段と力強くなる。歌ったあと，「どんぐり拾い楽しかったんだね。どんなどんぐりがあったかな。みんなでどんぐりになろう！」と言うと，最初はとまどう姿が見られたが，保育者が「こんなのかな」「どう？」と楽しそうに大きく動き，いろいろなどんぐりの表現を見せると，子ども達は楽しそうにどんぐりの表現を始めた。「小さいどんぐり見つけた」と子どものつぶやきをキャッチし，「みんなで小さいどんぐりになろう！」「次は大きいどんぐり」「細いどんぐり」「太っちょどんぐり」など，様々な表現が見られるようになった。保育者がどんぐりが木から落ちてコロコロや，どんぐりゴロゴロと地面にねっ転がると，キャーキャー言いながら，寝ころんでゴロゴロ転がる可愛いどんぐり達がたくさん出てきた。短時間であったが，子ども達は，身体全体を使って多様な表現を経験した。

　子ども達が自分の身体を柔軟に使って表現するには，多様な表現方法を身につけることが必要です。どんぐりの表現の際に，どんぐりの形になったり，転がったり，大きいどんぐりや小さいどんぐり，ぐんぐん伸びるどんぐりや，小さい縮んだどんぐりなど子ども達の身近な題材を使い多様な身体の動きを取り入れることで，子ども達が楽しみながら表現ができるよう援助していきます。

　子ども達から，子ども自身で考えた子どもらしい表現を引き出すことが基本ですが，エピソード4-6のように，なかなか自由な表現を引き出すのが難しいことがあります。その場合は，先生が楽しんで表現する姿を見せ，幾つかの表現パターンを子ども達に提示するとよいでしょう。このエピソードでは，どんぐりってどう表現するの？　と戸惑った子ども達が，先生との表現のやりとりを通して，子ども達独自の表現に結びついていったことがうかがえます。

3　「みんなの中の自分」を感じる表現あそび

> **エピソード4-7　「ここにいます」（２歳児）**
>
> 　朝の集まりの時間，出席チェックは，いつも一人ひとりの名前を呼んでいるのだが，子ども達は元気に返事ができるようになってきた。そのため２学期に入ってから，歌あそびを使って出席を取り始めた。担任はピアノを弾きながら「～先生（副担任の名前），～先生，どこですか？」とリズムに合わせて歌うと，副担任が大きな声で手を挙げて，

写真 4-5　ここにいます

> 「ここです。ここです。ここにいます」と返事をリズムよく返した。その後，続けざまに，一人ひとりの子ども達の名前もうたに合わせて順に呼ぶ。最初に呼ぶのはいつも元気いっぱいのB。照れながらも，元気よく「ここです。ここです。ここにいます」と返事をしてくれた。Bのおかげで，その後も元気いっぱいの子ども達の返事が続く。クラスの中でことばをあまり発しない恥ずかしがり屋のCは答えてくれるかな……と気にかけながら「Cちゃん，Cちゃん，どこですか？」と呼んでみた。「……」Cは身体をくねくねさせながら照れる様子を見せる。すぐに副担任が近くに寄り，Cの手を取り上に挙げて，「ここです。ここです。ここにいます」と一緒に歌った。担任は何もなかったように，次の子どもの名前を呼んだ。

　みんなと合わせる表現も楽しい経験ですが，集団の中でも，「自分なりの表現」が少しずつできるよう促すことも大切です。「あなたのお名前は？」「どこですか？」など，集団の中でも自分を意識する手あそびや歌あそびなどは，名前をしっかりと認識している2～3歳児達にとって，とても楽しい経験となり，また次の表現へと結びつく大切な経験となります。エピソード4-7では，子ども達が園生活に慣れてきた時期に，今までよりも注目度が高まる表現を取り入ることを試みた例です。クラス内には，恥ずかしがらずに表現できる子どもから，恥ずかしくて表現できない子どもなど，様々です。担任は，「どこですか？」の歌あそびがスムーズに流れるよう，最初に元気いっぱいに答えてくれるであろうとの予測のもとでBから始めるなど，呼ぶ順番にも配慮を加えました。恥ずかしがり屋の子どもを後半にもってきたのは，事前にモデルとなる子ども達を充分に見せるという意味があります。みんなの前で一人で発言することは，「みんなの中の自分」を実感するよい経験となります。また，友達がそれぞれの表現で返事をしていく様子を見ることで，友達をじっくり観察する機会ともなります。

4　みんなとふれあう表現あそび

> エピソード4-8　ゆり組列車（3歳児）
>
> 　遠足場所に到着し，園バスから子ども達が降りてきた。うれしすぎてはしゃぎ出し列から外れていく子ども達が数名出てきた。駐車場ということもあり，安全面に不安を覚えた担任が，「はい。じゃ，ゆり組列車が出発します！　みんな乗ってください！」と友達の肩に手を乗せて連なるよう促した。喜んで連なる子ども達の姿が見られた。はしゃいで列から外れていた子ども達も，ニコニコしながら，友達の肩に手を乗せようと列に加わった。「はい！　ゆり組列車，準備完了！　目的地は，どこにする？」「あそこの木！　がいい」「了解です。それでは，出発進行！」とゆり組列車が元気に出発した。目的地までいくまでに，数回脱線したが，担任は脱線を上手く利用し，「大変，ゆり組さん脱線しちゃった！　はい，みんなで脱線」と一旦全員離れ，「出発するのでもう一度乗ってください！」と「脱線」と「乗る」動作をゲームのように楽しんだ。子ども達は，友達とつながることの楽しさや連帯感を充分に感じながら進んでいった。

身体をくっつけてあそぶことが大好きな年齢です。いもむしになりながら身体を寄せ合う「いもむしごろごろ」や友達の肩に手を乗せてつながる「電車あそび」などを通して，友達との連帯感を感じ，また友達と一緒に表現する楽しさを味わう積み重ねが大切になります。

エピソード4-8では，担任側の意図は，「子ども達を，安全な場所まで素早く連れていく」ことであったが，子ども達からすれば，先生の心配はよそに「友達と楽しく列車ごっこをしている」という感覚であったようです。「列からはみ出したらダメ」「まっすぐ並びなさい」とことばで聞いても，まだピンとこない年齢なので，このように，身体表現を使って移動を促す方法もあります。友達とふれあう表現あそびはあらゆる保育場面で応用できます。

5 簡単なストーリーを通しての表現あそび

先生のことばがけと共に身体を動かすことが大好きな年齢です。簡単なストーリーに合わせて表現する機会をもつことはとても大切です。エピソード4-9は，運動会のプログラムに向けてのクラス内での取り組みです。忍者からの巻物が届き，「宝の地図が描かれている巻物が悪者に盗まれたので，みんなも修行を積んで強くなってぼくを助けてくれ」など，子ども達の想像力豊かな感性を刺激するストーリーとなっており，子ども達の多様な動きを引き出すよい題材となることがわかります。しゅりけんを投げる動き，隠れる動き，水の上を飛ぶ動き，地面を這う動き，でんぐり返りをする動きなど，自分が主人公になって忍者になりきりながら修業をしていきます。子ども達はワクワクどきどきしながら空想の世界の中で表現を楽しみます。

エピソード4-9　忍者（3歳児）

運動会で年少組は「忍者」をテーマに身体表現の発表をすることが決まった。これからの数週間，子ども達から様々な忍者の動きを引き出すためにはどうしたらよいか担任達で話し合った。ある日のすみれ組では，「忍者から巻物のお手紙がすみれ組さんに届きました！」担任が巻物を子ども達に見せる。何？　何？　子ども達が次第に集まってくる。「なんて書いてるの？」興味津津の子ども達の前で担任は巻物をさらりと開け，低い大きな声で読み始めた。「修行をして強くなって，忍者のお手伝いをするんだって!!　次のお手紙までに，しゅりけんの飛ばし方を練習しておいてだって！」と子ども達は口ぐちに興奮気味に言う。早速，「しゅりけん飛ばしの術」「かくれみのの術」と思い思いのあそびがはじまった。忍者に馴染みのない女の子達はしばらく見ていたが，なかなかイメージが膨らみそうでなかったので，さりげなく担任が，上から跳べる椅子や飛び越える小山に見立てたタオルケットなどを置くと，男の子達が「高跳びの術」「ジャンプの術」と言いながら跳び始め，そのあとを女の子達も楽しそうに続いた。あそびが発展してくると，這う動きや，寝転んでごろごろ回る動きなど，様々な動きを楽しんでいた。

第Ⅰ部　身体表現とは何か

6　手をつないで円になる表現あそび

> エピソード4-10　ひらいたひらいた（2歳児）
>
> 今日は参観日。クラスにお父さんやお母さんがやってくる！　と子ども達はウキウキ気分である。早く早く来ないかなあと心待ちにしている。参観の時間がやってきた。少しずつお家の人達が集まってくると，急に子ども達の間に緊張感が走った。ニコニコしている子ども達もいるが，いつもとは明らかに違う。「少しでもいつもの様子を保護者の方に見てほしいな」と保育者は思い，子ども達と円になって伝承あそびを始めることにした。「ひらいたひらいたをしましょう」以前に何度かクラスで行ったあそびだったので，子ども達は喜んで円になった。円になると，友達や先生達の顔が目に入る。ホッとする安堵感を感じたに違いない。動き出すと元気のよいいつもの子ども達の笑顔が戻ってきた。「友達と手をつなぐって楽しいし，心強い。」身体だけでなく，心がつながる経験を子ども達はしたと思う。
>
> 写真4-6　ひらいたひらいた

　手をつないで円になる表現あそびは，多くあります。この年齢の子ども達はとても喜ぶ動きです。大好きな先生と手をつなぐ，仲よしの友達と手をつなぐ。手をつなぐことは，子ども達にとって心をつなぐことにもつながっています。手をつなぐ表現を取り入れると子ども達の顔はほころび，緊張が消えます。クルクル回り出すと子ども達から歓声が上がります。

　エピソード4-10では，いつもと違う雰囲気に緊張気味の子ども達が，表現をすることによって，心が開放されるという様子が書かれています。

3　4～5歳児の身体表現

1　4歳児の表現

　想像力豊かな年齢で，ヒーロー役になりきって戦いごっこに没頭する男の子達やお姫さまごっこが大好きな女の子達の姿が多く見られます。少しずつ現実の世界も理解しつつある年齢なので，自分への評価も気になる年齢です。ファンタジーの世界とリアリティの世界を行ったり来たりする年齢ですので，表現活動を存分に楽しむことができます。

第 4 章　子ども達と身体表現

①友達とのふれあいが大好きな年齢

> エピソード4-11　なべなべそこぬけ（4歳児）
>
> 　クラスの中で「なべなべそこぬけ」がはじまった。担任がAと楽しそうに「なべなべそこぬけ」と歌いながら手をつないでひっくりかえった。それを見た他の子ども達も仲のよい友達と手をつないで「なべなべそこぬけ」とひっくりかえろうするが，どの子どもも上手くいかない。こんがらがってしまう子どもや，手を離してしまう子ども，偶然ひっくりかえれたが，もとの形に戻れず背中と背中をくっつけてぎくしゃくしている子ども達などの姿があちらこちらで見られる。キャーキャー言いながら一生懸命表現しようとする子ども達。ぎこちなく，身体がついていかない様子だが，気持ちは表現を楽しもうと前向きな様子がうかがえる。背中と背中をくっつけながら喜んでいる子ども達，手と手をつなぎ左右にゆらしながらうたを一緒に口ずさんでいる子ども達など，表現を思い思いに楽しんでいる様子が見られた。

「なべなべそこぬけ」の正しいあそび方にこだわるというよりも，友達と手がふれたり，背中がふれたり……と友達とのふれあいを楽しんでいる様子が表れています。違和感が楽しい，上手くできないのが楽しいというこのあそびの楽しさを子ども達は存分に味わっています。もし，担任が逐一形にこだわり，一人ひとりが正しい身体の使い方をしているかを重視してしまえば，子ども達は友達の手のぬくもりや，背中と背中を合わせる連帯感などを充分に味わう経験を逃していたでしょう。まずは，ふれあいを思う存分楽しむように導き，くり返し行うことによって，動作が上手くいくコツを子ども達自身で見つけることができるよう見守ってあげてください。大きな達成感につながっていきます。

②子ども達が表現したくなるきっかけ作り

> エピソード4-12　「はずかしい」でも「おどりたい」（4歳児）
>
> 　発表会にてオペレッタ「3匹のこぶた」をクラスで行うことになった。練習はじめはオペレッタの曲を何度もかけ，子ども達が好きに表現する機会を大切にした。身体を動かすのが好きな子ども達は率先して表現をしはじめる。その反面，恥ずかしくて表現できない子や，自分のしたい表現が思い浮かばなくて身体を動かさない子どもも多く見受けられる。担任は子ども達と一緒に表現を楽しみながら子ども達の様子を観察していた。くり返し流れる音楽の中で覚えやすく特徴的なセリフの場面が来ると，表現好きな子ども達の真似をして動きはじめる子ども達やセリフを口にする子ども達がどんどん増えてきた。担任は子ども達の中に，表現する楽しさが芽生えてきているのを感じ取った。

　4歳児は，それぞれの性格が行動に明確に表れます。踊りたい子，踊りたいけど恥ずかしい子，気分が乗らない子，踊ることに抵抗がある子など，様々な反応を見せます。表現を広げていくきっかけ（この場合音楽の中のストーリー，セリフや，特徴的な音

など）を準備し，子ども達が次第に表現したくなるプロセスをじっくり待つことが大切です。また，先生自身も楽しんで表現したり，表現を促すことばがけをするなど，先生側の配慮を充分に行うことが重要です。

③子ども達の中での心情的なゆらぎ

> **エピソード4-13　はずかしいよね（4歳児）**
>
> 　運動会でのリズム表現発表に向けてのあそびで「みんなでリズムを楽しもう！」というねらいのもと，子ども達が良く知っているリズミカルな曲をかけた。Aが踊りたそうな素振りを見せたが，その横で仲のよいBが「恥ずかしいよね」とAに声をかけ一歩下がった途端，Aも踊りには加わらない姿が見られた。発表に向けて自分達で作った冠をつけて踊りたいとCが言いだし，何人かの子ども達が冠をつけて楽しそうに踊りはじめた。冠以外にもタンバリンを持ちリズムよく踊る子ども達も出てきた。その姿を見てA，Bや，遠巻きに見ていた子ども達が次々と踊りに参加しはじめた。

　4歳児の表現を観察していると，自分の気持ちよりも，友達との関係を優先しようとする子ども達の姿が見られます。「踊りたいけど友達が踊らないから私もやめておこう」「踊りたくないけど友達が踊るから一緒にやってみようかな」など友達との関係が表現の中に影響しはじめる年齢であることがわかります。子ども達の心情のゆらぎを受けとめ，子ども達が表現したいと思う環境づくりを充分に考え準備することが大切です。このエピソードの担任は，運動会本番でかぶる冠を子ども達自身で作るという活動を取り入れました。自分達で作り上げた冠をかぶることで，「表現したい」という気持ちが湧きあがり，冠をかぶった子ども達が一緒に踊りはじめるなど，子ども達同士の連帯感も生まれました。担任がさりげなく置いておいたタンバリンを見つけた子どもが曲に合わせてタンバリンをたたいた姿に興味をもって集まってくる子ども達が出てくるなど，子ども達自身から「表現したい」という思いが溢れ出てくるような様々な環境の準備が必要です。

2　5歳児の表現

　表現活動の集大成である発表会などの目的もしっかり理解でき，観客側からの視点「見る側の意識」も理解できるため，意欲的に友達と表現あそびを作り上げ，発表する楽しさや達成感を味わうことのできる年齢です。自分が表現を楽しむことよりも，友達も楽しんでいるかが気になり，自分の表現が見る側にどう映っているのかが気になる子どもも多くなってきます。集団生活になじみ，友達と一緒に活動する楽しさを経験している5歳児ならではの視点です。

①幼児期から児童期への転換

> エピソード4-14　「き・き・きのこ」（5歳児）
>
> 　秋になると園内では「きのこ」の歌あそびを楽しむ子ども達の姿が見られる。年少児，年中児達にとってはみんな大好きな曲で，恥ずかしさも忘れ，ぴょんぴょん跳ねながら歌う姿が微笑ましい。年長になると，元気に歌う姿は見られるが，ほんの数名しか踊ってくれない。子ども達は歌いながらキョロキョロお互いの様子を見ている。「寂しいなあ。踊ろうよ。」と担任が声をかけると，待ってましたとばかり元気に踊り出す子ども達が増える。「本当は踊りたいんだよね」担任は思わず笑ってしまう。そのような状況の中でも，子どもっぽく見られることが嫌なのか，お兄さんぶって踊ろうとしない子ども達が数名いる。
>
> 写真4-7　きのこ

　年長児になると，「お兄さんだから」，「お姉さんだから」，「もう小さい子でないから」という自覚が芽生える子ども達が出てきます。園の中で最年長児としての精神的な成熟が見られる瞬間です。「きのこ」は年少さん達がはしゃぎながらする歌あそびと捉え，それを楽しんで行うのは「格好わるい」と他の友達の目線を気にする姿が見られるようになります。

　でも，まだまだ，思い切り身体で表現したい子ども達も多くいます。先生の「踊ろうよ」の一声で一気に踊り出す子ども達が増えるという子どもらしい場面です。「本当は思いきり身体を動かしたい」という子どもらしい面と「子どもっぽいのはいやだ」という他人からの評価が気になる大人びた面が交錯する年齢です。

②自分で楽しみたい，みんなで楽しみたい

> エピソード4-15　メディアの影響（5歳児）
>
> 保育室での姿①：運動会で流れていたケロポンズのエビカニクスの曲を覚えていて，Dは担任に部屋でエビカニクスの曲を流してほしいと頼んだ。自分でデッキを操作しながら，クラス中のみんなで何度も何度も歌い踊った。担任がその様子を見て，小さいポンポンを作る環境を準備すると，「私も！　ぼくも！　作りたい」とポンポン作りがはじまり，みんなで一斉に曲に合わせてポンポンを持ち元気よく踊る姿が見られた。
>
> 保育室での姿②：昼食を終えた男児が「歯磨き行ってきます！」とCOWCOWの「あたりまえ体操」をしながら歩きはじめると，数人の男の子達が集まってきて「あたりまえ，あたりまえ」と連なりクラスから行進して出て行った。思いがけない楽しいできごとに担任と子ども達は大笑いした。
>
> 保育室での姿③：EXILEやAKB48など，小学生が好む曲に興味をもつ時期でもある。女の子

> 達は，AKB48の曲を何度もかけ，最初はそれぞれ好きに踊っていたが，少しずつグループの輪が広がり，みんなで意見を出し合い，ふりを考え，決めていく様子が見られた。担任は，子ども達の連帯感の広がりを見て，運動会の発表の一つにつなげていくことにした。

　年長児の表現にメディアが及ぼす影響は大きくなります。年少児のころはアンパンマンが大好きだった子ども達でしたが，年中児になるとレンジャーものやプリキュアになりきる子ども達の姿がよく見られ，年長児になっても，継続して年中児と同じあそびも見られる一方で，小学生達の中で流行る題材を好む年長児も多くなってきます。

　年長児達は敏感にセンサーを張りめぐらせ自分達が楽しめそうな題材であるか判断できる年齢になっています。一人で表現を楽しむよりも，みんなで一緒に楽しめるかという視点を重視しだす年齢です。エビカニクスで踊っていたときも，みんなも楽しんでいるかなと友達を見回す様子が伺われ，一体感を大切にしていることがわかります。

　また男児達が友達を笑わせるために「あたりまえ体操」をしながら歯磨きに行く場面では，大笑いした友達の笑顔を見てさらにテンションがアップし一層ふり付けに力が入る様子や，友達に「うけた」という喜びが全身に溢れている様子から，年長児の表現は自分も楽しいという感覚のほかに仲間達とも楽しさを共有することの重要性が大きいことがわかります。

　EXILEやAKB48の曲に合わせてのダンスでは，みんなで一緒に踊りを楽しみたいという目的に向かって，子ども達が話し合いをしながら自分達でふりを考えていく年長児らしい成長した姿が見られました。担任はその連帯感を見て，数か月後の運動会で発表ができればよいなと考え，マイクや衣装を子ども達で手作りする活動を取り入れることによって，女児達はさらに意識高く練習をくり返しました。アイドルごっこを通して，音楽に合わせて表現する楽しさ，少し大人っぽいうたを歌う楽しさ，多くの人の前で発表する緊張感，友達との連帯感，達成感など子ども達は様々な経験を重ねていきました。

③**みんなで話し合い仕上げていく劇作り**

> エピソード4-16　こっちにおいで（5歳児）
>
> 　発表会で劇「金のがちょう」をクラスですることになった。劇づくりでは，子ども達が自分達でセリフに合わせてふりを決めていく。どのような子どもらしいふりが出てくるのか楽しみでもある。「こっちにおいで」のふりを決めている場面では，積極的な子ども達が頭の上で高く腕を上げ，大きく「こっちおいで！」と表現した。照れながら小さく，「おいで！」をしたBの姿が見られたが，すぐに手をひっこめた。「じゃ，このおいで！（積極的な子ども達の）に決定かな」の担任の声に，Aが，「さっき，Bくんもおいでしてたで！」と手をひっこめた子ども達

のことを知らせた。「大きいおいでか，小さいおいでか，どっちにしようか。このセリフは誰がどういったときに言っているのかも考えてね」と担任が言うと子ども達の話し合いがはじまった。「小さかったら見えへんで」「早く来てほしいところ（場面）やから，大きい方がいいんちがう」など様々な意見が出てきた。

　年長児後半になると，自分の思いを押し通すことよりも，他の友達の意見も取り入れる柔軟性が出てきます。このエピソードでは，他人の心の動きに敏感なAが，冷静に状況を把握し，勇気をもって，担任に手をひっこめた子どものことを伝えました。みんなの意見を取り上げることの大切さを集団生活を通して理解しはじめていることがわかります。話し合いでは，まだ意見の食い違いやぶつかり合いが見られる年齢ではありますが，少しヒントを出すと様々な視点をもとに意見が出てきます。また，見られる側を意識した発言が出るのは年長児ならではの成長です。ふり決めに慣れてくると，子ども達からは大人も思いつかないようなユニークなふりが出てくることも多くあります。友達の表現に刺激を受けて，様々な子どもらしい表現が出てくるようになります。

④思い思いの表現から，一体感を感じる表現へ

エピソード4-17　みんなの思いが溢れる表現：輪踊り（5歳児）

写真4-8　おむすびころりん：輪踊り（表現の発展）

　劇あそび「おむすびころりん」を発表会にて行うことになった。どんな表現がよいかみんなで考えるために，「音楽をきいてみんなでどんな動きができるかな」と，先生が音楽をかけた。

> 使用している音楽は，劇あそびのために編集された「おむすびころりん」の音楽が使用された。音楽がかかると，Aは動きたい気持ちが全身にあふれてきた。まだ周りが動いていないので，ぐっと我慢しているが，近くのBが踊りだしてくれたので，AはBと向かい合って踊りはじめた。Cは「お祭りの音楽やね」と言いながら座って手合わせをしている。その他にも，「一緒にやろう」と2人，3人と近くにいる友達の手をつなぎ回りはじめるグループも出てきた。動きがクラス中に広がったとき，Dが「みんなで手をつなごう」と呼びかけて，クラス全員が手をつないでまわる踊りに発展した。子ども達の歓声が部屋いっぱいに広がった。（写真4-8）

　音楽を聞きながらみんなで一緒に踊るダンスを考えている場面で，最後にでき上がった心のこもったダンスは，「みんなで輪になって踊る」という動きでした。動きの形としてはとてもシンプルで動きも簡単ですが，でき上がった「輪踊り」には子ども達のいろいろな思い，それぞれの子どもの思いが込められていました。その間，担任の先生は，「なるほど，なるほど」と子ども達の動きの発展を見守っていました。

　5歳児にもなると，リズムが聞こえるからリズムにのる，動きを見るから一緒に動く，ことばをかけられるから気づいて動くなど，動きのきっかけが与えられることで，イメージが膨らみ，多様な動きの表現も可能になります。

　その動きを友達が真似をしてくれる場合もあれば，友達が新たな動きを生み出してくれることにもなります。お互いのことを認めながら，「あ，それいいね」「こんなんは？」など，会話もしなくても，どんどん相手の動きを見て，自分のアイディアを広げていくことができます。あらたな動きの発見が楽しく，発見できた表現をさらにたくさんの友達と共有し，クラス全員で一体感を感じる楽しさがあってこそ，全員の絆が深まり，身体表現が深まっていきます。

4　異年齢の子どものかかわりから

　年齢の異なる子ども集団におけるあそびから得られる経験は，同年齢によるあそびとはまた違い，向社会的な態度や意欲を形成すると言われています。日本もかつて，家庭では多人数のきょうだい間での育ち合いの姿があり，地域では地域の異年齢集団における人間関係の中であそぶ子ども達の姿がありました。しかし，近年では，このような異年齢集団が家庭や地域で見られることは少なくなりました。

　そこで，幼稚園や保育所でも，異年齢による保育を実施するところが増えてきました。過疎地などでの子どもの減少による混合保育だけではなく，意図的に異年齢の子どもがかかわる保育も増えてきました。園での毎日の生活を全て異年齢で実施するところもあれば，毎日の園生活は年齢別保育を主軸としながら異年齢の子ども達による

第4章　子ども達と身体表現

活動を取り入れている園など，様々です。
　この節では，年齢の異なる集団のあそびにおける表現のやり取りを見てみましょう。

　普段は年齢別保育を実施している幼稚園で，預かり保育の時間は，満3歳児・年少・年中・年長の4学年を一つのクラスにして異年齢集団による預かり保育をしています。この預かり保育の時間に満3歳児の子どもも含めて合同で伝承あそびをはじめとしたいくつかのあそびを異年齢集団でできるように設定しました。そのときに見られた子ども達の身体表現のエピソードを紹介します。
　ある日，子ども達は，初めてE先生から「あの橋がおちるまえに」というあそびを教えてもらいました。
　「あの橋がおちるまえに」は，うたあそびの一つです。うたを歌いながら手をつないで円になって回りますが，途中に2人が手を高く上げて作っている「橋」の下をくぐっていきます。そのうたが終わると，その「橋」がガッシャンとおりてきます。回っている人達は，橋をくぐりぬけなければいけません。橋にガッシャンと挟まれた人は，次は橋役になります。橋が増えた状態で，また同じあそびをくり返していきます。

あの橋がおちるまえに

作詞：福尾野歩
作曲：才谷梅太郎

あの は し が お ち る まえ に みん な で わた ー って ゆこう あの
は し が お ち る まえ に さあ みん な で わたろう　よ ガッシャン

エピソード4-18　「あの橋がおちるまえに」のリズムに触発される

　E先生は，動きは伴わず「あの橋が落ちる前に」のあそびのうただけを，E先生自身も含めて子ども達全員が輪になって手をつないでいる状態で伝えた。子ども達はE先生が歌うのを聞いている。年少児はうたのリズムに合わせて身体を揺らしている。年長児は，うたに合わせて前に出て来たり，うたの最後のフレーズでリズムを足踏みしたりするなど，うたのリズムに触発された動きが見られた。

E先生からあそびの話を聞いて，子ども達は動きながら覚えていきました。最初の説明のときには，身体全体でリズムを感じ取る年少児，リズムを意識して身体で表現する年長児の姿が見られました。

その後，今度は歌いながら回ってあそぶことを伝えるためにE先生は「お手手つないだままこっちに回るよ」とことばをかけた後，歌いながらLOD（反時計回り）で回り始めました。このE先生の行動で，全員に動きの方向，リズム，速さが伝わっていきます。年少児の中にはとまどいを見せる子どももいましたが，歌い終わるころには，子ども達全員に「回ること」が身体の感覚を通して理解され，伝わったようでした。歌い終わりに，E先生と，近くで見ていたN先生からの「回るの，上手だね」と言うことばに年少児も含め全員が安心している表情も見られました。

エピソード4-19 あそびを楽しみ，続けようとする

子ども達が「あの橋がおちるまえに」のうたとリズム，うたに合わせて手をつないで回ることが理解できたと感じたE先生は，N先生と向かいあって橋を作り，橋になることを提示して，改めて歌い出した。子ども達はその中を手をつないだまま回る。「橋」ができることで，狭いところを通ることや，円を一周回ると自分が橋をくぐる順番が

写真4-9 あの橋がおちるまえに

回ってくることなど，楽しみが待ち受けている。子ども達の動きには大きな変化はないが，子ども達はそれぞれ，橋を見上げる，橋をくぐった後に思わず笑いが出るなど，それぞれに楽しんでいるようであった。

うたの最後に「ガッシャン」と言いながら先生達がつないだ手を下ろすと，年長児2人と年中児一人の計3人が腕の中に入った。橋にかかった3人が新しい橋になることをE先生は説明するが，その間，A（年少）は座り込んで「ははは」と声を上げて笑いながら床に転げていた。F（年中）は「きゃー」と声をあげている。K（年少）は手を広げて広がろうとする。思い思いに楽しんでいる。D（年長）が足を広げて床に転げると隣のAも同じように床に転げて楽しんでいるというように同じ動きを共有して楽しんでいる姿も見られた。

N先生が円の修復を補助し出すと，子ども達の支え合いが見られた。先ほどの床に転げて楽しんでいたDとAの次にいたB（年長）は手を握り返し円が広がらないようにAを一生懸命支えていた。また，別の場所では，年少児が手を広げて円を広げようとして手が離れそうになるとき，隣の年長児が何度もくり返し手を握り，広がらないようにつないだ手にぎゅっと力を込めてE先生の話を聞いていた。

E先生の「橋の仲間入りをしてください」ということばをきっかけに，橋の中に入ってしまった年長児は一緒に橋の中に入った年中児に向かって手を差し出し，橋になろうとした。年長児のさりげない動きで，全体がうたあそびを維持しようという気持ちになっているようである。

第4章 子ども達と身体表現

　異年齢の集団とはいえ，最初は一緒になって円を作って回ることや「ガッシャン」で橋につかまったりつかまらなかったりすることを思い思いに楽しみ，ときには楽しさを共有するかのように同じ動きをしてあそんでいた子ども達の姿が見られました。

　あそびが崩れそうになると，年長児や年中児が先生の動きを見て「おにいちゃん」「おねえちゃん」として動くようです。異年齢保育では，年長児による年少児への思いやりや優しさが育ち，向社会的行動が見られると言われますが，今回，初めての異年齢集団によるうたあそびの中でも最初からそのような行為が見られ始めました。

　あそびに慣れてくると，飽きたりして手が離れそうになったり，円になって回ることができなくなる子どもも出てきます。隣の年長児が年少児の手をぎゅっと握り返し，行動の立て直しをするような動きが見られます。そして，最初は年下の子どもに対して，一生懸命何とかしなければならないという思いの強さが前面に出た動きだったものが，やがて少しずつ，自分より背の低い年少児と手を合わせる際に高さを調整したり，自分の方からそっと手をとりにいくなど，相手に対する思いやりをもっていることがわかる動きも見られるようになります。お互いを思いやりながら，身体の使い方を調整し，あそびを維持しようとお互いに協力していきます（写真4-10，4-11）。

　あそびを数回くり返すうちに，年少児もすっかりあそびを共有し，あそびに溶け込んでいきました。年上の子ども達の様子を見ながら動いて楽しんでいたようです。

エピソード4-20　あそびに合わせた動き

　橋は，年長児と年中児によるもの，年長児とN先生によるもの，そしてE先生が一人で作ったものと3つできた。この3つの橋の下を子ども達だけで手をつないで回ることになった。手をつないで回っていた一人の年中児が橋の高さに気づいて橋に当たらないようにかがんで背を低くして通った。しかし，その次にいた年長児は背を低くせずに，自分の頭が橋に当たった。この様子を見て，続く年少児，年中児とも背をかがめて回っていた。うたの終わりになると，橋にかからないように，急いで歩く姿が見られ，身体の使い方を調整していることがわかった。

年上の子どもが年下の子どもの手を握ろうと手を差し出しています。
写真4-10　思いやり「手をつなぐ」

手を上げるときに年上の子どもは年下の子どもを気遣います。また，あそびが楽しく進んでいるか周りもよく見ています。
写真4-11　思いやり「楽しくあそぶ」

あそびが楽しいと感じたときには、ぴょんぴょんと跳びあがり、素直に喜ぶ気持ちが身体に表れていました。また、誰かがぴょんと跳びあがると、近くにいる子どももそれに呼応するようにぴょんぴょんと跳びあがっています。また、必ずしも隣にいる子ども同士が跳んで喜びを共有するのではなく、少し離れたところや、向かい側にいる場合にも見られました。目と目が合って飛び跳ねるようでした。

つないだ手を一緒に揺らすなどの動きも見られ、ことばや表情以外の方法によってうれしい気持ちや、楽しい気持ちが表れます。そして、このようなうれしい、楽しい気持ちをまるで共有するかのように呼応した動きが見られます。

さて、異年齢の集団であそび続けるだけで、年長児の思いやりや向社会的行動が自然に見られるのでしょうか。異年齢保育も実施するだけでは意味がないことがわかっています。保育者がねらいをもって保育を行うことで、年長児や年中児が学んでいくのです。もちろん、その保育活動の中には保育者が直接指導や援助をすることもあるかもしれませんが、間接的に保育者をモデルとして見ることで、年長児は学ぶのでしょう。年少児が年長児や年中児を見て憧れたり、お手本として動くことと同様に、年長児は保育者を見て年少児への思いやりをもった動きを学んでいるのではないでしょうか。

> **エピソード4-21　保育者の援助が子どもの身体表現を豊かにする**
>
> 　あそびの4回目。うたが終わったとき、年長児と橋を作っていたN先生が「ガッシャン」と言いながらしゃがんで橋の中に入ったT（満3歳児）をぎゅっと抱きかかえた。このTと手をつないでいたR（満3歳児）は橋の中に入っていないのにN先生に跳ねて近寄り、N先生の顔に自分の顔を近づけ、うれしそうな表情を示していた。
> 　5回目のあそびのうたが終わったとき、E先生と年長児の橋に年少児が入った。年長児は年少児の手の高さに合わせ、2人が手を合わせた。年長児に手を支えてもらいながら、年少児はうれしそうにぴょんぴょん跳ねる様子を年長児も笑顔で見守っていた。
> 　年中児と満3歳児の橋は、N先生に手をつなぐよう手伝ってもらっていた。年中児はそっと満3歳児の手を持ち上げ、満3歳児と橋になった。それから、年中児は満3歳児と前後の感覚が狭く、人が通ることができないと感じたのか、一歩下がり前後の距離を見た。それから右を見て、隣の橋との間隔を確かめた。別の子どもが橋の間を歩いて来たので、自分の手を満3歳児の手を握ったままぐっと高く上げて橋になった。

エピソード4-21にある通り、N先生は直接的に年長児や年中児に対して指導・援助はしていませんが、このN先生のぎゅっと抱きかかえた行動の後のあそびから、年長児にはより具体的な思いやりのある動きが見られるようになりました。年中児は保育者に援助されながら、思いやりをもった動きができるようになっている様子が見られました。

第4章　子ども達と身体表現

> **エピソード4-22　あそびにおける身体表現の違い**
>
> 　あそびも6回目が終わり，橋にかかっていない子ども5人をE先生が確認しているとき，B（年長）が「手をつなぐの？」とたずねた。手をつないで回ることが不自由であることを認識しての発言であった。この発言をきっかけに，残った5人は手をつながず一人ずつ回ることになった。年長児はしゃがんだまま歩き，年中児は両膝を床につけて膝で歩いたり這ったりしている。年少児はしゃがんだまま歩いている。非常に興奮気味のK（年少）は橋役の子どもやE先生にぶつかりながら勢いよく歩いているが，途中で円から抜け出し，N先生に抱っこしてもらっていた。Kは，一人で多くの人数に囲まれた空間を通り抜けることは怖かったようだが，最後まで橋にかからないように自分がとった行動をうれしそうにN先生に話していた。

　あそびに慣れてくると，年長児はあそびの中で手をつないだまま円の隊形を維持することがやりにくいと感じており，このまま今までと同じように身体を動かすことが難しくなっていくことを見越して，心地よく身体を動かそうと考えているのでしょう。身体を通して，どうしたらみんなであそびの楽しさを維持できるのかを考えていることがわかりました。

　また，E先生とN先生が様々な年齢の子ども達の発達に配慮しながらかかわっていることもわかります。このような分担が，子ども達にとって，異年齢によるお互いの違いに気づき，共に楽しもうとする力を育てていくのではないでしょうか。

　この日の「あの橋がおちるまえに」のあそびは30分以上続きました。

　最初はどの年齢の子ども達もあそびのリズムや動きを取り込もうとする行為が多く見られました。その後，あそびを続けようとするときの年長児の動きとしては，最初は年下の子ども達をコントロールしようとする動きが多く見られます。しかし，あそびが進むと，コントロールしようとする動きではなく，思いやりをもった動きへと変化していくこともわかりました。

　また，あそびが続くと，あそびのリズムや動きを個人で楽しんでいたものが，ルーチン化したあそび以外の時間に子ども達が楽しみを共有して，さらにあそびを続けようとしていることがわかりました。

　身体を使ってあそぶうたあそびの楽しさから，近くの子ども達と呼応するように飛び跳ねたり，転がったり，つないだ手を一緒に揺らすといった動きは早くから見られます。そして，このような楽しさを身体全体で表現するような動きは最後まで見られます。このような呼応する動きがあそびを続けようとする力になっているのでしょう。この呼応行動は年上の子どもの動きを受けて年下の子どもが反応するパターンと，年下の子どもの動きを受けて年上の子どもが反応するパターンの数にあまり差がないことがわかりました。つまり，楽しさを身体全体で表現し，共有することを年齢の枠組みでとらえるよりも，年齢に関係なく心躍る気持ちを動きに示しながら，相互に楽し

さを共有しているということだと思います。

最後に、異年齢保育で忘れてはいけない例を挙げます。

エピソード4-23　異年齢保育における同年齢同士のあそび

この日の預かり保育では、「おふねはぎっちらこ」や「なべなべそこぬけ」をしてあそぶことになっていた。あそび始めたとき、2人組を作るのを子ども達に任せていたところ、ほとんどが同年齢の子ども同士で2人組を作り出した。年長児のペアは年長児なりによりダイナミックにあそんだり、またあそびをスピードアップして楽しもうとする姿が見られ、年中児、年少児はどうやったらうまくできるかを自分達のペースで楽しんでいる姿が見られた。

異年齢であそぼうと言っても同年齢で思いっきり楽しみたいあそびもあります。
写真 4-12　おふねはぎっちらこ

ある程度子ども達があそびに満足したところで、保育者が「次は4人組でやってみよう」「じゃあ次は6人組で」と、2人のあそびをグループを作ってあそぶことができるように、声をかけた。すると、自然に異年齢でグループを組むことになり、うごきを教えたり教わったりしながらあそびを楽しみ出した。

なべなべそこぬけも異年齢より同年齢で最初は楽しんでいます。
写真 4-13　なべなべそこぬけ（同年齢であそぶ）

なべなべそこぬけを2人から4人にすると、異年齢のあそびとして自然に楽しむことができます。
写真 4-14　なべなべそこぬけ（異年齢であそぶ）

異年齢保育では、年上の子どもに年下の子どもに配慮することを無理強いしないことや、同年齢の子ども同士のあそびもあることを大切にし、異年齢だけの活動にこだわりすぎないことも大切だということが見えてきます。

また、エピソードのように無理なくグループを作ることで、年長児や年中児は同年齢集団で楽しむ以外の楽しみ方や年少児への配慮に気づくことができました。年少児は、どうやったらうまくあそぶことができるか教えてもらうことができました。

異年齢集団だから必ず異年齢であそぶようにと気負いすぎたり、年長児から年少児

へ思いやりのある動きを無理強いさせたりするのではなく，楽しくあそべるよう，あそび方を保育者が工夫することを大切にしたいものです。

引用・参考文献

遠藤　晶「幼児の身体リズムと動きの共有過程について」日本保育学会第63回大会研究論文集，73，2010年．

遠藤　晶・松山由美子・内藤真希「幼児の異年齢集団によるふれあい遊びにおける相互行為の検討」武庫川女子大学紀要（人文・社会科学）58，2010年，pp. 23-31.

宮里六郎「異年齢保育」宍戸健夫・金田利子・茂木俊彦（監修）保育小辞典編集委員会（編）『保育小辞典』大月書店，2006年，pp. 16-17.

第 II 部

身体表現あそびの具体的な指導案・教材の紹介

第5章　身体表現あそびの指導

1　指導上の配慮

　この章では，身体表現あそびを楽しむための指導案の例を挙げています。どの指導案も身体表現の「双方向性」を大切にしています。この「双方向性」とは，一緒にあそぶ，一緒に動く，ということです。また，「双方向性」では，子どもの表現に保育者が寄り添い，認めることも大切にしています。保育者が認めていくことで，子どものより豊かな表現が生まれるのです。
　指導案で大切にしている，一緒にあそび，一緒に動くための指導上の配慮のポイントをまとめました。
　なお，指導案は全て一つの例です。子どもの実態に即して使いましょう。

○とにかく楽しみましょう。
　子どもの豊かな表現力を培うためには，子どもが身体表現活動を楽しんでいることがとても大切です。表現を楽しむには，保育者と子ども，また，子ども同士がリズムを一緒に合わせたり，一緒に動くことから始めましょう。具体的には，子ども達とのスキンシップやことばのやりとりを楽しむことが大切です。
　また，楽しめる時間と空間の確保を意識した環境の構成が大切です。指導案にあまり活動を詰め込まずに，ゆったり楽しめるようにしましょう。

○子どもの好きな表現を取り入れましょう。
　子ども達は，友達とふれあうことが大好きです。目を合わせる，息を合わせる，身体の一部を合わせる，真似っこあそびをする，手をつなぐ，輪になる，など，子どもの大好きな表現を大いに取り入れましょう。
　一人で楽しむ手あそびも，2人で，大勢で楽しむことを意識してみましょう。

○子どもの表現に寄り添いましょう。
　子どもの表現を決めつけずに，自由に表現している姿を見守り，寄り添うことを大切にしましょう。上手く動くことやできばえを気にせず，心から表現を楽しんでいるかを評価のポイントにしましょう。保育者も気負わずに表現活動を子どもと一緒に楽しむことができます。また，保育者や友達の模倣をすることを否定しないようにしましょう。子どもは模倣をすることそのものを楽しみながら，少しずつ自分の表現を見つけていきます。

○子どものイメージを高めるような援助を意識しましょう。
　難しく考える必要はありません。子どもが表現を楽しむことができるように，子どもの表現の世界を意識してことばをかけ，援助するよう心がけましょう。会話するように表現を援助するとよりよいでしょう。
　また，心から楽しんでいる子どもの表現や，友達と楽しんで表現を発展させていることは，充分に認めましょう。認めることで，子どもはより安心して表現を楽しむことができます。

○テンポを変えたり，ことばを変えたりして，バリエーションを楽しみましょう。
　最初はゆっくりと，表現を楽しみましょう。子どもの表現，反応に合わせて少しずつテンポを速めたり，ことばを変えたりして楽しむとよいでしょう。

○絵本やペープサート，普段の生活やあそび，身近なものから表現を楽しみましょう。
　ストーリーのある世界を楽しむことや，絵本などに見られるオノマトペを用いて，楽しく表現してみましょう。既成の表現にとらわれず，子どもの想像の世界や表現にじっくりつきあう気持ちで取り組んでみるとよいでしょう。
　また，実体験に基づいた表現あそびは，子どももイメージしやすく，また，経験で得た実感をともなった表現ができるでしょう。

○集団の表現も意識してみましょう。
　集団であそぶときには，子ども達が自分達でスムーズに動く工夫やルールを守って動く工夫をみんなでしているかどうかを意識すると，より身体表現が豊かになります。保育の場面では，安全にあそぶために，ルールについて最初に子ども達と話し合うなどの工夫をしましょう。

2 部分実習に使える指導案

1 0～1歳児の指導案

①いない いない ばあ

主活動の内容	「いない いない ばあ」のあそび		準備物	
ねらい	・うごきの変化（隠れる，現れる）を楽しむ。 ・保育者と視線を合わせることの心地よさを感じる。 ・模倣することを楽しむ。		・ハンカチなどの布や新聞紙など，顔を隠すことができるもの	
時間	環境の構成	子どもの活動	保育者の援助・配慮	
0：00	保育者と子どもが向かいあうように座る。	○「いない いない ばあ」をしてあそぶ。 ・保育者と向かいあって座る。 ・抱っこされる。 ・立って保育者と向きあう。 ・保育者の動きを見て楽しむ。 ・顔が隠れたり出てきたりするあそびを楽しむ。 ・保育者とのコミュニケーションを楽しむ。 ・あそびを何度か楽しみ，保育者とコミュニケーションをとる楽しさを充分に味わう。 ・様々なテンポであそびを楽しむ。 ・保育者の顔がいつ出るか期待して楽しむ。 ・保育者の表情の変化を想像しながら楽しむ。	○子どもの状態に合わせ，必ず座らせるようにするのではなく，子どもと目線が合うような位置関係を保つようにする。 ○抱っこされたままの方が安心する子どもには抱っこしたまま楽しむようにする。 ○歩いたり，立った状態の子どもにはしゃがんで目線を合わせて楽しむことができるようにする。 ○よく目を見て，一度目を合わせてから手で顔を隠し「いないいない」と，子どもに語りかける。 ○「ばあ」のところで顔が見えるように手を広げ，子どもと視線を合わせる。 ○くり返す中で，「いない いない」のテンポを速めたり遅めたりして，あそびに期待がもてるようにする。 ○「ばあ」と顔を出すタイミングを変えることで，目が合う楽しさをより味わうことができるようにする。 ○「ばあ」で見せる表情を笑顔だけではなく，面白い顔や悲しい顔，怒った顔などに変えて，どんな顔が出るか子どもが想像して楽しむことができるようにする。 ○子どもの反応を確かめながらあそびを展開する。	
0：05		・保育者に顔を隠されて，いない いない ばあを楽しむ。 ・保育者の動きを真似し，「いない いない ばあ」をやって見せて楽しむ。	○保育者が自分の顔を隠すのではなく，子どもの顔を自分の手で隠すようにし，「いない いない ばあ」をし，変化をつけることで子どもがより楽しむことができるよう工夫する。 ○子どもが自らの顔を隠して「いない いない ばあ」を真似してきたときには，驚いたり笑顔を見せたりして，充分に子どもの思いを受けとめる。	
00：10	新聞紙やハンカチなどの布を用意する。	・あそびを何度か楽しみ，保育者とコミュニケーションをとる楽しさを充分に味わう。 ・保育者を真似して楽しむ。	○くり返す中で，ハンカチや新聞紙などで顔を隠して楽しむことができるようにする。 ○子どもの反応を確かめながらあそびを展開する。 ○カーテンを使ってあそぶなどして展開し，子どもが真似して楽しむことができるよう工夫する。	

あそびこんでいく中で，保育室のカーテンや扉に隠れて「ばあ」と楽しむ子どももいます。保育者との隠れんぼあそびに発展させることもできます。

②ちょち ちょち あわわ

主活動の内容	「ちょち ちょち あわわ」のあそび	準備物
ねらい	・リズムに合わせて保育者とのふれあいを楽しむ。 ・保育者と身体をとおしてかかわる楽しさを味わう。	特になし

時間	環境の構成	子どもの活動	保育者の援助・配慮
0:00	保育者が子どもを膝の上に乗せ，同じ方向を向くように座る。	○「ちょち ちょち あわわ」をしてあそぶ。 ・保育者の膝の上に座る。 ・保育者のうたと動きに合わせて楽しむ。 ・手のひらや腕などをさわられる感覚を楽しむ。 ・腕を上げて頭をさわる動作で身体が伸びる心地よさを感じる。 ・保育者と一緒にあそびを楽しむ。 ・保育者からの様々な部位への様々な皮膚刺激を楽しむ。 ・保育者と何度もあそびを楽しむ。 ・保育者の動きから歌に合わせて自分なりに動こうとする。	○子どもと同じ方向を向くので，視線を合わせることが難しいが，歌いながら一つひとつの動きで子どもとあそぶ楽しさを確かめるように子どもの表情を見て楽しむよう心がける。 ○「ちょち ちょち」で，子どもの両手をとって，うたに合わせて2回拍手をするように合わせる。子どもが速く手を叩きたがったときは4回拍手してもよいので，子どもの身体の動きに合わせて楽しむように心がける。 ○「あわわ」では，その手を口にもっていくようにする。子どもによっては片手だけでも構わないので，無理にさせないよう心がける。 ○「かいぐり かいぐり」は子どもの腕がぐるぐる回るように回す。うたに子どもの動きを合わせるのではなく，慌てずに子どもの動きに合わせてリズムをとり，歌うようにする。 ○「とっとのめ」で，片方の手の人差し指をもう片方の手のひらでつつくような動きをリズムに合わせてする。子どもが手を開かずグーにしている場合は無理に開かせず，グーの手から見える手のひらの部分をつついて楽しむ。 ○「おつむ てんてん」では，子どもの両手で子どもの頭を軽くたたくようにする。子どもの様子をよく見ながら，共にあそんでいる気持ちを共有する。 ○「ひじ とんとん」は優しく軽く行う。子どもの様子を確かめながら最後まで楽しんだ気持ちを認め，保育者も笑顔であそびを楽しんだことが子どもに伝わるよう顔を見たり，ことばをかけたりしてコミュニケーションをとる。
0:05			○くり返す中で，最後の「ひじ とんとん」は肘だけではなく，身体の各部でとんとんして楽しむ。
0:10			○子どもが動きや歌を真似しようとしたときには笑顔で子どもが真似しやすいようゆっくりと行う。

> 子どもの年齢や発達に合わせて，膝の上に子どもを乗せてあそぶだけではなく，子どもと向きあって真似しやすくあそぶことも楽しいです。

ちょち ちょち あわわ

わらべうた

ちょ ち ちょ ち あ わ わ　かいぐりかいぐり

とっ と の め　おつむてんてん　ひじ とん とん

③たいこで とんとん

主活動の内容	「たいこで とんとん」のあそび		準備物	
ねらい	・リズムに合わせて保育者とのふれあいを楽しむ。 ・保育者に抱かれる心地よさを感じる。 ・変化のあるふれあい（くすぐられる）を期待し，楽しむ。		特になし	

時間	環境の構成	子どもの活動	保育者の援助・配慮
0:00	保育者と子どもが向かいあうように座る。	○「たいこで とんとん」をしてあそぶ。 ・保育者の膝の上に向かいあって座る。 ・保育者の近くの床に寝転がる。 ・ぎゅっとだっこされる心地よさを味わう。 ・たいこになりきって楽しむ。 ・曲の終わりにもぎゅっとだっこされる心地よさを楽しむ。 ・続いて，どこをたいこ代わりにとんとんされるか期待する。 ・うたに合わせておなか，お尻をたいこ代わりにとんとんされながら，たいこになりきって楽しむ。 ・たいこのリズムを楽しむ。 ・保育者の抱っこがくると期待して待つ。 ・続いて，鼻を小さなたいこ代わりにピンピンされながら，小さなたいこになって楽しむ。 ・くすぐられる心地よさや，自分の期待とはまた違う楽しさを味わう。 ・お尻，おなか，背中とあそびを逆にたどっていく楽しさに気づいたり，また最初と同じ大きなたいこに安心してなりきって楽しんだりする。 ・たいこのリズムと抱っこのくり返しによる安心感を味わう。 ・保育者の次の動作を予想して楽しむ。	○子どもの状態に合わせ，必ず座らせるようにするのではなく，子どもを寝かせてもあそぶことができるので，目線が合うような位置関係を保つように気をつける。 ○あそびの最初の「ぎゅーー」は，ゆっくりと，子どもが抱かれる心地よさを味わうことができるよう抱く。 ○締め付けないよう配慮する。 ○背中をたいこに見立ててとんとんする。強くたたかないように留意する。 ○大きなたいこになりきってあそぶことができたことを認めるように優しく抱くようにする。 ○曲に合わせて，背中→おなか→お尻をたいこに見立ててとんとんする。ただうたの順に行うのではなく，子どもに「次はどこをとんとんするかな」という気持ちが伝わるよう目や表情を意識する。 ○リズムに合わせてとんとんするところと，曲の最後のぎゅっと抱きしめるところとの緩急を意識し，リズミカルな部分とゆっくりとした部分を大切にする。 ○歌う声の大きさを意識して「お鼻のたいこ」は小さいたいこであることがわかるように工夫する。 ○「お鼻のたいこ」の後は，「くしゅくしゅ……」とくすぐるようにし，子どもの予想とはまた違う楽しみが生まれるようにする。 ○うたが最初に戻っていることを理解しながら，目で「次はどこをたいこ代わりにとんとんするか」と子どもに問いかけるような気持ちを伝えることを意識しながらうたに入るよう工夫する。 ○子どもが自らのおなかやお尻をたいこ代わりに自分でとんとんしようとしたときは，その気持ちを笑顔で受けとめ，一緒にとんとんして楽しむ。 ○うたの順番よりも，お鼻のたいこのときだけくすぐるということを意識しておいて，あとは子どもとのあそびの中でとんとんする場所をそのときそのときで変えて，子どもがより豊かにあそびを楽しむことができるようにする。

時間	環境の構成	子どもの活動	保育者の援助・配慮
0:03 00:10		・最後にお鼻を再び小さなたいこ代わりに見立てて楽しむとともに，くすぐられると予測し期待する。 ・自分の期待とはまた違う楽しさを味わう。 ・あそびを何度か楽しみ，保育者とコミュニケーションをとる楽しさを充分に味わう。 ・保育者を真似して楽しむ。	○お鼻のたいこは先程同様，小さいたいこを意識して工夫する。 ○最後は一緒にあそんで楽しかったという思いが伝わるようにしっかり目を見てから「ぎゅーー」と優しく抱っこして終わる。 ○くり返す中で，子どもがたいこになりきっている姿を認め，子どもが保育者とリズムを合わせる楽しさや，保育者とのコミュニケーションをとりながらあそびを進める楽しさを充分に味わうことができるようにする。 ○子どもの反応を確かめながらあそびを展開する。歌にはない，「足のたいこ」や「腕のたいこ」など，身体の部分名を子どもに語りかけながらとんとんするような工夫をして楽しむ。

　身体の部分名を子どもに語りかけながら，やさしくとんとんとたたきましょう。また，子どもが心地よさを感じられるように，やさしく抱きしめましょう。子どもの反応を確かめながら，たたいたり抱きしめたりすることが大切です。

たいこで　とんとん

作詞・作曲：古市久子

（楽譜：ぎゅーー　せなかの　たいこ　とん とん とん　ぎゅーー）

④いっぽんばし　こちょこちょ

主活動の内容	「いっぽんばし　こちょこちょ」のあそび	準備物
ねらい	・リズムに合わせて保育者とのふれあいを楽しむ。 ・変化のあるふれあい（くすぐられる）を期待し，楽しむ。 ・リズムにのって動きを予想する楽しさを味わう。	特になし

時間	環境の構成	子どもの活動	保育者の援助・配慮
0:00	保育者と子どもが向かいあうように座る。	○「いっぽんばし　こちょこちょ」をしてあそぶ。 ・保育者の膝の上に向かいあって座る。 ・保育者と手をつなぐ。 ・保育者のうたと動きに合わせて楽しむ。 ・保育者の動きを予測し，期待して待つ。 ・手のひらや腕などをさわられる感触を楽しむ。	○子どもの顔がよく見えて安全にあそぶことができるような位置関係を保つようにする。 ○名前を呼び，手をそっと取る。楽しんであそぶことができるように心がける。 ○手を出さない子どもには無理に手を使ってあそぶのではなく，背中やおなか，顔，椅子に座っている子どもであれば足の裏など，取り組みやすい部位で始めていく。 ○子どもの手のひらに数字の1を2回リズムに合わせて描きながら「いっぽんばし」と歌い，手のひらをくすぐる。最初から思いきりくすぐるのではなく，子どもの表情をよく見て，共にあそんでいる気持ちをもつ。 ○「たたいて　つねって」は優しく軽く行う。一気に歌うのではなく，一つひとつの動作を子どもと目

第5章 身体表現あそびの指導

時間		ねらい	内容・援助
			線を合わせ，確認しながら行う。
		・保育者の動きを予測して楽しむ。	○指をチョキにして歩くように腕までうたに合わせてゆっくり登っていく。子どもの期待を受けとめながら，子どもが次に何が起こるか楽しむことができるようにする。
			○子どもの様子を確かめながら脇の下をこちょこちょし，あそびの楽しさを共有する。
		・あそびを何度か楽しみ，保育者とコミュニケーションをとりながらあそびを楽しむ。	○くり返す中で，「たたいて つねって」だけではなく，「すべって」「なでて」など，新たな動きを取り入れて楽しみ，子どもと保育者がコミュニケーションをとりながらあそびを進める楽しさを充分に味わうことができるようにする。
0:03		・保育者からの様々な部位への様々な皮膚刺激を楽しむ。	○子どもの様子を見ながら，くり返す中で「階段のぼって」の部分では，腕だけではなく，首や顔などを使ってもっと登ったり，うたにはないが「階段おりて」と歌って身体の各部を指で歩き回り，コミュニケーションを楽しむ。
0:05			○保育者が率先して階段を登るのではなく，子どもの表情を確かめながら，降りようか登ろうか，またどこに登ろうか，進まずに様子をうかがうなど，間をとって楽しむ。

> 子どもと楽しむことを第一にやさしく楽しみましょう。子どもが保育者と共にあそんでいるという心地よさを感じられるように，子どもの反応を確かめながら，一つひとつの動きを間をとって，コミュニケーションを大切にしながら進めることが大切です。

いっぽんばし こちょこちょ

わらべうた

いっぽんばし こちょこちょ たたいて つねって なでて
かいだん のぼって すべって うらから まわって コチョコチョコチョ

⑤ろめんでんしゃ

主活動の内容	ろめんでんしゃ		準備物
ねらい	・保育者の膝の上で揺れる心地よさを感じる。 ・保育者の膝の上から落ちることを期待し，変化を楽しむ。 ・リズムに合わせて電車に乗っている気分を味わう。		特になし

時間	環境の構成	子どもの活動	保育者の援助・配慮
0:00	保育者と子どもが向かいあうように座る。 保育者は足を伸ばして座り，子どもが安全に揺れを楽しむことができるところに座らせるようにする。	・保育者と向きあうように，保育者の膝の上に座る。 ○「ろめんでんしゃ」のうたであそぶ。 ・歌に合わせて路面電車のように揺れる感覚を楽しむ。 ・すとんと落ちる感覚を楽しむ。 ・いつ落ちるのか期待する。	○足を伸ばして座り，子どもと向かいあうように膝の上に子どもを乗せる。そのとき，子どもの表情をよく見て，コミュニケーションをとることを意識する。 ○曲に合わせて膝を揺らし，子どもが心地よさを感じられるようにする。 ○「路面電車に○○ちゃんを乗せて」のところは，子どもの名前を入れるだけではなく，子どもとあそんでいる楽しさを子どもと目と目を合わせてコミュニケーションをとるよう工夫する。 ○歌の最後の「すととんとん」で足を開き，子どもが落ちるようにする。 ○あそびをくり返す中で，「いまにおちるぞ」を1回だけにしてすぐ「すととんとん」と歌ったり，何度もくり返してみたりして，変化を加え，子どもの期待する気持ちを刺激し，あそびが豊かになるように工夫する。 ○「すととんとん」の部分を歌う速さも変え，いつ落ちるのか子どもが期待をもって充分楽しむことができるようにする。
0:03		・揺れの変化に次の展開を期待する。 ・いろいろな揺れを楽しむ。	○揺らし方を工夫し，縦に揺れるだけではなく，揺れの大きさを変化させたり，速さを変えたり，またカーブするような横揺れも取り入れて，子どもの反応を確かめるようにする。
0:06 0:10	保育者と子どもが電車に乗っているように同じ方向を向くように座る。	・路面電車のように，保育者と同じ方向を見てあそびを楽しむ。	○子どもが慣れてきたら，本当の電車のように保育者と子どもが共に進行方向を向いて楽しむことができるよう，座る向きを変える。 ○同じ方向を向いても，子どもの表情を随時確かめるよう心がけ，顔を覗き込むなど，コミュニケーションをとることを意識する。

　路面電車は，函館や福井・富山，東京，大阪・京都や広島，岡山，四国や九州の一部などでしか今は走っていません。地域によって，子どもの身近にある「○○でんしゃ」に変え，より親しみを感じられるようにするとよいでしょう。

　この指導案では，一人の保育者が一人の子どもを膝に乗せて楽しむように作っています。縦割りなど，2歳児以上のお兄ちゃんやお姉ちゃんと一緒のときは，電車のように，足の上に子どもを2人乗せても楽しめます。

第5章 身体表現あそびの指導

ろめんでんしゃ

わらべうた

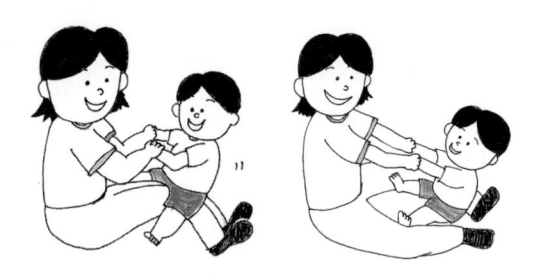

ろめーんでんしゃに ○○ちゃんのせて いまに
おちるぞ いまにおちるぞ すとーんとん

⑥だるまさん

(かがくい ひろし『だるまさんが』ブロンズ新社, 2007年より)

主活動の内容	絵本『だるまさんが』からの表現あそび		準備物	
ねらい	・絵本を通して表現する楽しさを知る。 ・だるまさんになって身体で表現することを楽しむ。 ・友達や保育者と動きを合わせる楽しさを味わう。		・ピアノ ・楽譜「だるまさん だるまさん」 ・絵本『だるまさんが』	

時間	環境の構成	子どもの活動	保育者の援助・配慮
0:00	●保育者 ○子ども ピアノ 楽譜「だるまさん だるまさん」	○にらめっこをしてあそぶ。 ・保育者と目を見合わせて笑う。 ・友達と顔を見合わせて楽しむ。 ・歌を歌う。	○子どもが保育者とあそびたいと思うように，ピアノを弾いてにらめっこをしようと提案する。 ○ピアノを弾くときはできるだけ子どもの方を見るように配慮する。「あっぷっぷ」からはピアノから離れて充分に子どもの顔を見てコミュニケーションをとる。 ○一人ひとりの子どもと目を合わせ，子どもの表情を確認する。 ○子どもの様子を確認しながら，何度かくり返す。
0:05	絵本『だるまさんが』	○絵本『だるまさんが』を見る。 ・絵本のだるまの絵と保育者の「だるまさんが」に合わせて身体を揺らして楽しむ。 ・絵本のだるまさんの動きに期待をもち，真似してあそぶ。	○「だるまさんってどんなのか知ってるかな」と声をかけながら絵本を見せる。 ○子ども達の身体が自然に自由に動くように，保育者も子ども達と一緒に絵本に合わせてゆっくりと「だるまさんが」と，だるまの動きを子どもと共に揺れて楽しむ。 ○少し間をおき，子ども達から自然に動き出すのを待つ。先を急がず，子どもの動きや表情を見ながら，次のページに進めそうだと感じたら，ゆっくりとページをめくる。 ○子どもの動きに対して無理にことばをかけず，一緒に動き，笑い合うことを楽しむようにする。

第Ⅱ部　身体表現あそびの具体的な指導案・教材の紹介

0:05		・絵本に集中してだるまさんになりきって楽しむ。 ・自由にだるまさんになって楽しむ。	○保育者は、子どもが自由に動くことを認め、本を読み続ける。 ○絵本のだるまさんの動きに合わせて、本を揺らしながら、子どもの動きに合わせて読む。 ○他の子ども達の動きを真似る子ども、だるまさんの動きを真似る子どもなど様々な姿が見られるが、表現の楽しさを経験することがねらいであるので、子どもの自然な表現を認めるよう配慮する。 ○表現することに抵抗がある子ども達には、保育者が寄りそい、心がほぐれるよう工夫する。 ○一人ひとりの表現を認め、声をかけることで、子どもが、友達の真似をしたり、同じ動きで楽しむことができるよう援助する。
		・同じタイミングでみんなで一緒に動くことを楽しむ。	○ページを元に戻して、同じ動きを見せることで、充分子どもが楽しむことができるようにする。 ○ときには、めくるタイミングを工夫して、全員で同じタイミングで動きを楽しんでみることができるよう工夫する。
00:10		○だるまさんにさよならを言う。	○絵本の楽しさと表現することの楽しさをことばで伝える。

　導入部分のだるまさんのにらめっこあそびは、第6章3かおあそび（1）だるまさん　だるまさんを参照してください。

　絵本を動かすとき、手だけで絵本を揺らすと、子どもにとってはかえって絵が見にくくなります。絵本だけを動かすのではなく、保育者が身体ごと揺れて、一緒に楽しめるようにしましょう。

3歳児クラスでのようす。だるまさんになりきっています。

だるまさんが……どうなったのかな。

2　2〜3歳児の指導案

①きゅうりが　できた

主活動の内容	きゅうりが　できた		準備物
ねらい	・保育者にリズミカルに身体をふれられることで，保育者とのふれあいを楽しむ。 ・きゅうりになりきって身体全体で表現することを通して，食べものや食べることに興味をもつ。		特になし

時間	環境の構成	子どもの活動	保育者の援助・配慮
0:00	子どもが保育者の前で横になる。	○「きゅうりが　できた」であそぶ。 ・保育者にきゅうりに見立てられて抱っこされる。 ・きゅうりになりきろうとする。 ・きゅうりになるよう仰向けになる。 ・保育者に身体をふれられて笑う。 ・保育者の次の動きを期待して待つ。 ・きゅうりになりきってじっとする。 ・保育者に美味しく食べてもらおうと表現する。 ・身体をくすぐられて笑う。	○「今日はきゅうりを食べたい」と話し，子どもを「おいしそうなきゅうりだな」と抱っこし，あそびへの期待をもたせる。 ○「きゅうりが　できた」と歌いながら抱っこした子どもをゆっくり揺らす。「おいしいきゅうりさんだな」と，子どもがきゅうりになりきれるようなことばをかけ，表現を援助する。 ○曲に合わせて，子どもをきゅうりに見立てて指全体で子どもの身体をはじくように塩をまいたり，水できゅうりを流すようになでたり，手を包丁に見立ててとんとん身体をたたく。 ○一気にきゅうりのうたを歌いきるのではなく，一つひとつの動きを子どもの様子を確認しながら行う。「塩もふったし，次はどうしようかな」などと声をかけながら行い，子どもがただ身体をさわられているのではなく，保育者と共にきゅうりのあそびを楽しんでいることが伝わるように配慮する。 ○きゅうりを食べるときは，こちょこちょしたり，ぱくぱくと身体じゅうを食べようと両手を口のようにぱくぱく動かして，子どもと充分ふれあって楽しむことができるようにする。 ○食べるときに「○○ちゃんはきゅうりをどうやって食べるかな」「お昼ごはんに出てきたきゅうりはどんなのだったかな」と聞いて，マヨネーズをつけたり，浅漬けにしようと子どもの身体をさらに揉んだりして，子どもの生活経験に合わせて楽しむよう工夫する。
0:05		・あそびを終える。	○「ああ，おいしかった」と子どもの表現を充分認める。

　子どもの身体表現というと，動くことばかりを意識しがちですが，「じっとする」というのも大事な表現です。乳児のふれあいあそびとしてよく使われる「きゅうりが　できた」ですが，2歳児では表現するという観点で楽しむことができます。うたを通して子どもが全身で表現し，保育者がその思いを共有することを大切にしましょう。

　子育て支援でも楽しむことができます。何でも一人でやりたがる時期ですが，保護者に甘えたいときもあります。そんなときの保護者と子どものスキンシップのあそびとして楽しむことができます。

第Ⅱ部　身体表現あそびの具体的な指導案・教材の紹介

きゅうりが できた

わらべうた

1. きゅうりが できた　きゅうりが できた
　きゅうりが できた　さあ たーべよ
2. しおふって パッパッパ　しおふって パッパッパ
　しおふって パッパッパ　パーッパーッパ
3. お水で ジャージャー　お水で ジャージャー
　お水で ジャージャー　ジャージャージャー
4. 包丁で トントントン　包丁で トントントン
　包丁で トントントン　トントントン
　「いただきまーす」

②落ちた　落ちた

主活動の内容	「落ちた　落ちた」のうたあそび		準備物
ねらい	・リズムを楽しむ。 ・ことばと動作の連動を楽しむ。 ・「何が落ちてきて，どのように拾うのか」など保育者や友達との会話のやりとりを通してイメージを高める。		特になし

時間	環境の構成	子どもの活動	保育者の援助・配慮
0：00	●保育者　〇子ども	〇集まって座る。	〇子ども達がそろっているか確認する。 〇そのときの季節に合わせて，（桜の花びら，雪，木の葉，どんぐりなど），「先生ね，～が落ちてくるのを見たよ。みんなも見たかな」「みんなはどんなふうにつかむ（拾う）かな」とイメージをふくらませ，「落ちた　落ちた」のうたあそびにつながるよう話を進める。
0：03		〇「落ちた　落ちた」のうたあそびをする。 ・何を拾うか決める。 ・みんなで楽しむためのお約束を聞く。 ・歌あそびを始める。	〇動作が明確でわかりやすく，イメージが高まりやすい題材を子ども達に尋ねながら決めていく。 〇楽しくみんなで活動を進めることができるためにはどのような約束事が大切か，子ども達に尋ねながら決めていく。 〇慣れるまでは，ゆっくりとしたペースで行い，援助が必要な子どもがいないか確認しながら進める。 〇選んだ題材を数回くり返し，スムーズにことばと動きが一致するように楽しんでくり返す。 〇様子を見て，物足りなさそうであれば，ペースを上げたり，先生がことばと違う動きをするのでつられないようにするゲームにルールを変えたりして，ゲームを発展させて楽しむ。 〇子ども達を2つのグループに分け，保育者と1つのグループのあそびをもう一つのグループが見て楽しむ，といった見合いっこをしてゲームを楽しむ。
00：10			

　「やさしく拾えていたね」「雪が落ちてきたとき，とけないようにそーっと上手に拾っていたね」「お星さまが落ちてきたとき，キラキラしていたね」など，全員で表現することの楽しさや大切さを共有する時間を十分にとりましょう。

　今降っている「雪をどうやって取ろうか？」や，今日の給食に入っていた「バナナ」や「りんご」など身近な題材に意識をもっていくと，子ども達はイメージしやすく，感情移入しやすいです。子ども達がドキドキハラハラして大好きな「雷」は入れた方が盛り上がります。怪獣が落ちてきたときは，大好きで抱きつく子どもがいたり，チョップしたり……りんごが落ちてきたときは，おいしそうに食べる子どもがいたり，きらいで投げ出す子どもがいたり……と様々な自由な表現を引き出してあげましょう。

応用編：
・食べ物と怖いものを混ぜて瞬時に判断し，キャッチするか頭を抱えるか……
・保育者が，落ちてくるものと違う動作をするが，子ども達はつられないようにする……
など　様々なバリエーションが楽しめます。

〈基本の歌い方〉

おーちた　おちた　　（保育者か一人の決められた子が歌う）
なーにが　おちた　　（他の子全員で歌う）
○○○○！　　　　　（保育者か一人の決められた子が言う）
アッ（キャッチ！）　（両手で落ちてきたものをキャッチする）

落ちた　落ちた

わらべうた

おちた おちた なにが おちた ○ ○！ （キャッチ！）

第5章 身体表現あそびの指導

③むっくりくまさん

主活動の内容	むっくりくまさん		準備物
ねらい	・ことばのやりとりを楽しむことで，友達とかかわる楽しさを味わう。 ・友達と一緒に充分に身体を動かすことを楽しむ。 ・簡単なルールのあるあそびに親しむ。		・遊戯室など広い部屋 ・ピアノ ・楽譜「むっくりくまさん」

時間	環境の構成	子どもの活動	保育者の援助・配慮
0:00	●●●●●●●● ●保育者 ○子ども	○「むっくりくまさん」をしてあそぶ。 ・保育者の話を聞くために集まる。 ・「むっくりくまさん」のストーリーを聞く。	○子どもの表情が見える位置に立つ。 ○「むっくりくまさん」のうたに描かれたストーリー（くまが寝ているところを起こそうとして，本当に起きてしまうと食べられてしまう。だから逃げないといけない）に合わせて話し，内容を伝える。 ○ストーリーを意識してあそぶことができるよう，情景が伝わるように話す。
	ピアノ 楽譜「むっくりくまさん」	・「むっくりくまさん」のうたを歌う。	○「むっくりくまさん」のうたを保育者が弾き歌い，その後，子ども達と一緒に歌う。
0:04		・あそび方を聞く。 ・あそび方を確認する。	○あそびを保育者が実際に動きながら説明する。 ・くま役の人以外で手をつないで輪になること。 ・くま役は円の中央で眠っていること。 ・うたを歌い終わったら輪になっている人は全員座り「くまさん起きてー」と声をそろえて言うこと。 ・くま役の人はいつ起きてもよく，起きたらすぐに立ち上がって誰でもつかまえてよいこと。 ・くま役の人が起きたら逃げてくまにつかまらないようにすること。 ・森の中だけであそぶという設定にし，逃げてよい範囲を確かめること（例えば遊戯室からは出ない，舞台には上らないなど）。
0:10		・くま役を決めてあそぶ。 ・くま役になりたい子どもは挙手する。 ・くま役以外の子ども達で手をつなぎ輪を作る。	○くま役になりたい子どもがいるか尋ね，くま役になるよう援助する。起きたいときに起きてよいことを再度確認する。 ○輪になったときに，くまが起きるまで手をつないだままで回ることを再度確認してから歌い始める。 ○くま役の子どもがくまの表現を楽しむことができるように「よく眠っているね」などと声をかけ，くま役の子どもの表現を援助する。 ○周りの子ども達が手をつないで円になる楽しさを充分に味わうことができるように，慌てて走って回らないようゆっくり歌う。 ○「くまさん，よく眠っているね」「くまさんはいつ起きるかな」といったことばで，くまとみんなのやりとりが楽しいものとなるように援助する。
		・つかまった子どもはくま役と交代してあそぶ。 ・くま役を増やしてあそぶ。 ・くま役の子ども達同士で何回目で起きるか相談し，決まってからあそぶ。	○くま役を交代するだけではなく，くま役を増やし，何回目のかけ声で起きるか相談するよう伝えることにより，ゲームがより盛り上がるよう展開する。 ○くま役を複数にしたときには，子ども達に相談して決めたか確認してからあそびを始めるよう援助する。 ○何度かあそびが続いたら，うたを歌うとき，ただゆっくり歌うだけではなく，歌詞に合わせて強弱やテンポを意識して歌うことで，子どもの表現あそびがより楽しくなるように工夫する。

第Ⅱ部　身体表現あそびの具体的な指導案・教材の紹介

0：30		○保育者の話を聞く。	・あそびが終わったことを確認し，今度またやろうと期待をもつことができるような声をかける。 ・水分補給等を行い，子どもが落ち着くように援助し，次の活動につなげる。

最初に子ども達にストーリーを話すときは，情景が伝わるように話しましょう。ペープサートなどを使っても楽しいです。

むっくりくまさん

訳詞：志摩　桂
外国曲

♪ むっくりくまさん　むっくりくまさん　あなのなか　ねむっているよ
ぐーぐー　ねごとをいって　むにゃむにゃ　めをさましたら　めをさましたら
たべられちゃうよー　くまさん　おきて

くまさん（保育者）からあそびのお話を聞いています。

むっくりくまさんのうたをゆっくり歌っています。保育者に合わせて自然に手拍子する子どももいます。

歌が理解できたところであそびます。くまさんが起きました。

異年齢集団によるあそびのときの様子。小さい子も大きい子もみんなで「くーまーさーん　おーきーてー」と声を揃えて呼んでいます。

④ぴょんたのたいそう

(ルース・ティルデン『ぴょんたのたいそう』大日本絵画，1996年より)

主活動の内容	しかけ絵本『ぴょんたのたいそう』からの表現あそび	準備物
ねらい	・絵本を通して表現する楽しさを知る。 ・ぴょんたや，友達と動きを合わせることの楽しさを経験する。	・ピアノ ・楽譜「かえるの合唱」 ・絵本『ぴょんたのたいそう』

時間	環境の構成	子どもの活動	保育者の援助・配慮
0:00	●保育者 ○子ども	○梅雨についての話を聞く。	○「この数日間，雨が降ってお外あそびができなくて残念だね」と梅雨の話をする。 ○雨が好きな動物に言及するなど，子ども達とことばのやりとりを充分に行う。
0:03	ピアノ 楽譜「かえるの合唱」	○「かえるの合唱」をみんなで歌う。 ・歌いながらかえるに変身する。 ・ぴょんぴょんとぶかえるや，ゲコゲコ鳴くかえるなど様々なかえるの表現を楽しむ。	○かえるの鳴き声が聞こえてきたよとうたにつなげる。 ○子ども達の身体が自然に自由に動くように，保育者も子ども達と一緒にかえるになって楽しむ。 ○表現ピアノのテンポをだんだん速めたり，元気に軽く歌うなどリズムに配慮する。
0:08	絵本『ぴょんたのたいそう』	○絵本『ぴょんたのたいそう』を見る。 ○様々な動きを経験する。 ・手を広げ身体をゆらす。 ・腕立て伏せをする。 ・ジャンプしながら手をポンとたたく。 ・自由に表現を楽しむ。	○1ページ1ページゆっくり読み，しかけを充分に子ども達に見せ興味をもたせる。 ○少し間をおき，子ども達から自然に動き出すのを待つ。 ○保育者は，子どもが自由に動くことを認め，本を読み続ける。 ○他の子ども達の動きを真似る子ども，ぴょんたの動きを真似る子どもなど様々な姿が見られるが，表現の楽しさを経験することがねらいであるので，制限はかけないようにする。 ○表現することに抵抗がある子ども達には，保育者が手をつなぎ一緒に動くなど，心がほぐれるよう工夫する。 ○子ども達がかえるになりきるために，かえるの鳴き声の曲など音楽を流す。 ○子どもの自然な表現を認める。
0:30		○ぴょんたにさよならを言う。	○しかけ絵本の楽しさと表現することの楽しさをことばで伝える。

　表現あそびを発展させるために，かえるになった子ども達がイメージを広げられるよう，青いビニール（池）や，椅子（岩）など小物を用意して環境を構成してもよいでしょう。

「かえるの合唱」から絵本へのつなぎ方の例：
「みんな　こんにちは。みんなのうたがとっても楽しそうなのであそびにきました。今は雨の日がたくさんが続いているね。外であそべないから退屈だよね。なので，ぼく，今日みんなと身体を動かしたいなあと思います。みんな一緒にあそんでくれるかな？」

第Ⅱ部　身体表現あそびの具体的な指導案・教材の紹介

「〜ちゃん，元気なかえるさん！」「○○（子どもの名前）ぴょんたくんは，力持ちだね」「ぴょんこちゃんは，手と足が本物のかえるさんみたいにピーンと伸びているね」など，子どもたちがかえるを表現することが楽しくなるような，恥ずかしさが軽減するようなことばをかけてあげてください。

ここでは2〜3歳児の保育として設定していますが，4歳児でも楽しめます。2〜3歳児はぴょんたの真似っこあそびとして楽しみますが，4歳児ともなると，腹筋運動など難しい動きを友達と協力してやろうとすることができるようになるので，より楽しく動いてあそぶことができます。

かえるの合唱

（楽譜：かえるのうたが きこえてくるよ クワ クワ クワ クワ ケケケケケケケ クワ クワ クワ）

3歳児クラスのようす　かえるになりきって楽しんでいます。

難しい動きにも挑戦！　難しいなー。

4歳児クラスでもやってみました。

4歳児クラスでは難しい腹筋の動きも友達と協力してやっている姿が見られます。

第5章　身体表現あそびの指導

3　4〜5歳児の指導案

①かごめかごめ

主活動の内容	かごめかごめ		準備物	
ねらい	・伝統あそびを経験する。 ・「かごめかごめ」の歌詞や動きを理解し楽しくあそぶ。 ・友達との心身のふれあいや対話を通して子どもらしい表現を楽しむ。		・ピアノ ・楽譜「かごめかごめ」	

時間	環境の構成	子どもの活動	保育者の援助・配慮
0:00	●保育者　○子ども ピアノ 楽譜「かごめかごめ」	○「かごめかごめ」の曲が聞こえてくる。 ・かごめかごめのあそび方を聞く。 ○一人で自由に回り出す。 ○2人で手をつなぎ回り出す。	○子ども達の興味のタイミングを見てピアノを弾く。 ○興味をもった子ども達に語りかけるように，かごめかごめの歌詞を歌う。 ○保育者は一度ピアノから離れ，歌いながら円くなって回ることを伝える。一人でも2人でもよい。 ○2人組になり，曲に合わせて回る。 ○一人で回りたい子，2人で手をつないで回る子などそれぞれの動きを認める。
0:05		○4人に合体する。 ・4人で手をつなぎ回る。 ○8人に合体する。 ・8人で手をつなぎ回る。	○「だんだん大きな円になるよ」と期待をもたせ，4人組に合体するよう促す。グループに入れていない子どもがいれば援助する。 ○さらに合体し，8人グループになるよう援助する。 ○友達同士で親近感がもてるようなことばがけをする。 ○8人に増えると子ども達が興奮してくるので，ゆっくりと歌詞を歌うなどし，子ども達が落ち着いてあそべるよう工夫する。
0:10		○かごの中の鳥役について伝え，「かごめかごめ」のあそびを知る。 ・みんなで楽しくあそぶための工夫を知る。 ・かごの中の鳥役を決めあそびを始める。	○あそびのイメージが高まるよう子ども達とことばのやりとりをする。 ○みんなで楽しくあそぶにはどうしたらよいかをみんなで考えて約束を決める。 ○あそびたくてしかたない子ども達の気持ちを受けとめる。 ○歌詞をゆっくり歌い，みんなで表現する。 ○何度かくり返しながら子どもが動きと歌を理解し，スムーズに動けるよう様子を見守る。 ○一つひとつのグループを回り，ルールやあそびを理解しているか援助する。
0:30		○8人グループのまま座る。	○楽しかった気持ちを受けとめ，みんなで表現することの楽しさが心に残るようなことばがけをする。

第Ⅱ部　身体表現あそびの具体的な指導案・教材の紹介

> 　友達と一緒に回る楽しさのあまり，自己コントロールが利きにくくなることもあります。約束では，友達の手を引っ張らない，途中で止まらない，保育者の歌うテンポに合わせて回ることを伝えてください。
> 　慣れてくると，子ども達は，鳥役の子どもの後ろに座ろうとして団子状態になろうとするなど，子どもらしい表現に出会うかもしれません。あそびが中断しはじめたら，「手を離さないこと」も約束に加えましょう。
> 　かごめかごめの形にこだわるのではなく，子どもらしい表現を楽しんでください。

> 　「みんなで手をつないで，鳥を入れるかごを作りましょう」「手をつないでぐるぐる回るのって楽しいね」「後ろに行くのは誰かな？」など，子どものイメージを高め，表現を豊かにすることばがけを充分にしましょう。モデルとなる保育者が楽しむことが大切です。

かごめかごめ

作詞：権藤はなよ
わらべうた

かごめかごめ　かごのなかのとりーは
いついつでやーる　よあけのばんに
つるとかめがすべった　うしろのしょうめんだーれ

②おおきな おいも

(赤羽末吉『おおきな おおきな おいも』福音館書店，1972年より)

主活動の内容	「おおきな おおきな おいも」の表現あそび		準備物
ねらい	・観察したおいもの様子や，おいもを土から掘り出した感覚を思い出しながら，友達同士や保育者とやり取りをしながら身体で表現する。 ・ことばのリズムや動きの動作を，おいもになりきって楽しむ。		・大きないも（さつまいも）。用意できない場合は新聞紙などで作ったものでもよい。 ・絵本『おおきな おおきな おいも』

時間	環境の構成	子どもの活動	保育者の援助・配慮
0:00	おいもを置いておく ●保育者 ○子ども 絵本『おおきな おおきな おいも』	○置かれたいもに気づく。 ・口々にいもについて話す。 ・いもをさわる。 ○絵本『おおきな おおきな おいも』を見る。 ・「むくっとなる」ということばを感じて身体を動かす。 ・「むく，むくっとなる」ということばが多くなるごとに，違う動きを見つけようとする。	○ごろんと転がったいもに気づいた子ども達に「大きなおいもでしょ」と話しかけ，「こんな大きなおいもはどうやったら作れるのかしら」とたずねて，いもへの興味を引き出す。 ○「おいもの作り方のヒントになる絵本を知っているよ」と話し，絵本『おおきな おおきな おいも』のお話を読む ○「おいもはね，ひとつ寝るとむくっとなって，2つ寝ると，むくむくっとおおきくなって」と，お話のことばをゆっくり話しかけるようにことばをかける。 ○保育者自身も一緒に動いて，大きくなる様子を表現する。徐々に大きくなる様子を表現しやすいように，ゆっくり話しかける。
0:05		○大きなおいもを表現してあそぶ。 ・友達の動きを確認したり，保育者に表現していることを見せようとする。 ・近くにいる子どもと身体をくっつけて大きなおいもになることを楽しむ。 ・友達同士で「えっさかほっさか」と言いながら動作をする。 ・作ったおいもの表現をお互いに見せ合いながら，自分達との違いや，面白いおいもの表現を認め合う。	○座って表現しにくければ，表現しやすい場所を使うように伝える。 ○「もっともっともっと大きなおいもを作るにはどうしようか」と尋ねて，グループ同士のかかわりを工夫するように促す。 ○「えっさかほっさか，おいも集まれ」と，ことばのリズムに合わせて動作をするように伝える。 ○「さあ，できたできた。どんなおいもができたかな」と尋ね，グループの表現を認めながら，お互いの表現を見せ合うように促す。
0:10		○いもになったりいもほり役になったりしながら引っ張る／引っ張られる遊びを楽しむ。 ・いもになっているが，新たに「いもを掘る」役になって表現することを理解し，役割を交代しながら，「いもを引っ張る」，「いもが引っ張られる」あそびを楽しむ。 ・引っ張る人数をふやし，引っ張られておいもが抜ける表現を楽しむ。	○「いっぱいおおきなおいもができたね。こんなおおきなおいもどうやって掘りおこそうかな」とことばをかける。このとき「強く引っ張ったり乱暴におおいもにさわると傷がついておいしくなくなっちゃったり食べられなくなるから，やさしくね」と，子ども達が興奮して力を入れすぎないようことばをかける。 ○「先生が引っ張ってみようかな」と引っ張るが，一人ではできないので，誰かに助けてもらいたいと伝え，おいもを掘り出す役が必要であることを伝える。おいもとおいもを引っ張る表現のやり取りが理解できるように援助する。おいもを掘る役の子どもが興奮して引っ張りすぎたりしないよう「おいしいおいもが食べたいからやさしくね」と声をかける。

時間			活動内容	保育者の援助・留意点
				○「なかなか抜けない」「もうすぐ抜けそうだね」と抜けていくイメージを伝え，抜けたあとは「ようやく，おいもが抜けました」と抜けた感覚が楽しめるように援助する。
0：20			○おいもを，運ぶ役や運ばれる役になって表現をする。 ・お互いに運ぶ役，運ばれる役になって楽しむ。 ○おいもを洗う役や，洗われる役になって表現をする。 ・2人組やグループなどで身体をおいもに見立て，洗ったり洗われたりする表現を楽しむ。	○「どうやっておいもを運んだらいいかな」はおいも畑から，持ち帰るにはどうするかと尋ねながら「運ぶ」「運ばれる」表現ができるように援助する。 ○「引っ張りすぎるとおいもに傷がついておいしくなくなっちゃうからやさしくね」と，安全に優しく運ぶことができるよう声をかけ配慮する。 ○「泥んこがいっぱいついたおいもだね。みんなできれいに洗いましょう」と洗う表現ができるようにする。 ○「強く洗うとおいもがおいしくなくなったりくずれたりしちゃうよ」と声をかけながら優しく友達を洗うことができるよう援助する。
0：30			○おいもからイメージを広げてあそぶ。 ・「料理して食べたい」と言う。 ・「焼きいもがしたい」と言う。 ・「もっとおいもを掘りたい」と言う。 ・グループごとにイメージしたことを表現し，楽しむ。 ・他のグループの表現を見たり，自分達のグループの表現を見せたりする。	○「さあ，おいもをどうしようか？」と子ども達に問いかけ，おいもから表現あそびのイメージが広がるよう援助する。 ○グループごとにどうしたいか尋ね，その表現をやってみようと促す。 ○動きの表現に興味をもったことを認め，動きの工夫を周りの友達にも伝えるようにする。
01：00			○いもを全員でおいしく食べて終わる。	○あそびで楽しんだことを認め，いもをおいしく食べる表現を全員で楽しむように声をかける。 ○実際にいもを食べることができる場合は，調理して食べる。

　おいもが保育室にあると，子ども達はとても喜びます。しかし，喜びすぎて興奮してしまい，絵本の読みきかせを始めてもなかなか集中できない子どももいます。クラスの雰囲気に応じて，絵本の後においもを出すなどアレンジしてください。

　本物のおいもが用意できたときは，ぜひ子ども達がさわったり匂いを嗅いだりする時間をとるといいでしょう。実物に自分の手でさわる経験を通すことで，おいもを掘ったり運んだり洗ったりする表現のところで，興奮しすぎて，おいも役の子どもに対して力のコントロールができなくなる子どもも少なくなります。たとえ興奮しても，保育者の「やさしくね」の一言で本物のおいもをさわったときのことを思い出し，優しく表現できるようになるでしょう。

　いもほり（秋の行事）や食育と関連させて表現あそびを取り入れてみましょう。経験を身体全体で表現してあそぶことで，行事をより楽しんだり，食に対する興味や関心をより高めることができるでしょう。

保育者が本物のおいもを持ってきてくれました。よく知っているはずのおいもでも、改めて観察したり匂いをかいだりしています。

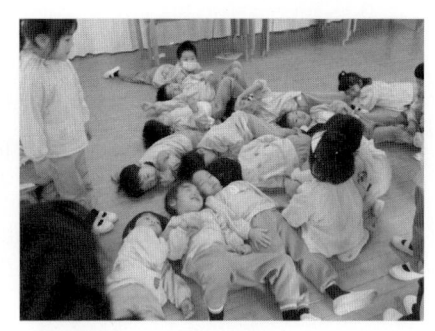

土の中で寝ているおいもになっています。少しずつ大きくなります。

こちらのクラスの保育者は新聞紙と絵の具で手作りした大きなおいもを保育室に持ってきてくれました。みんな、大きなおいもが大好きになりました。

みんなでつながって、大きなおいもになっています。

③からだでクッキング

(新リズム表現研究会作品「からだ　キラキラ☆こんぺいとう」の一部を指導案にしました。)

主活動の内容	からだでクッキング	準備物
ねらい	・料理の様子を、子ども一人ひとりが材料になり、友達同士で協力して、身体で表現することを楽しむ。 ・身体表現活動を通して、料理の楽しさや興味だけではなく、食べ物への興味も高める。	特になし

時間	環境の構成	子どもの活動	保育者の援助・配慮
0:00		○手あそび「1と5で」をする。	○子どもの表情が見える位置に立つ。 ○手あそびの最後に、いっぱい食べたけど、今日は食べるだけではなく、作ってみようかと問いかけ、料理への興味が高まるようなことばをかける。
0:05	●保育者　○子ども	○身体で1粒のお米になりきって動きながら食べ物を作る表現を楽しむ。	○手あそびで出てきたおにぎりを作ってみようと例題を出す。子どもが料理を楽しめるように、おにぎりを作るために必要な材料は何かをたずねて答えるやりとりをしながら、料理の手順を子ども達と確認する。 ○身体がぶつからないよう、広がってあそぶよう援助する。 ○子どもの生活経験からの知識や感覚を大事にし、お米を炊くところから始めるか、炊けたお米から表現するか決めてから表現を楽しむことができるようにする。

0:05		○一粒ずつのお米の表現が握られることによってくっついていく様子を身体で表現する。 ・数人で手をつないだり，身体を寄せ合ったりして表現する。 ・三角おにぎりや俵おにぎりなどのかたちを示そうとする。	○保育者がおにぎりを作る人になり，たくさんお米があるのでおいしいおにぎりができそうだと子ども達の表現を認める。 ○お米のあたたかさや柔らかさを引き出すようなことばをかけ，子どもの表現を子どもと一緒に楽しむ。 ○お米がおひつに入った様子を確認してから，作る合図を送り，おにぎりを握る動きを最初はゆっくり行う。子ども達の表現を確認しながら，握る形や速さを変えて楽しく表現できるよう援助する。 ○子どもの希望を聞きながら，楽しく仕上げる。
0:15		○グループに分かれ，自分達で作りたい食べ物を考えて表現する。 ・話し合って料理するテーマを決める。 ・料理の手順をお互いに確認しながら動いて楽しむ。	○表現あそびがしやすいように5～6人のグループに分ける。 ○子どもの話し合いを大切にし，気持ちをくみ取りながらグループで意見を集約できるよう援助する。 ○どのグループが何を作りたいのか把握し，その料理の手順を確認しながら，楽しく表現できるよう援助する。 ○何を作るか決まらないグループには，「1と5で」で出てきた食べ物を作ってみてはどうかと援助する。 ○グループでの話し合いが難航している場合は，「一つずつ作ってみて，一番楽しいものを選んでみたらどう？」と，話し合いだけで解決させるのではなく，実際に身体を動かすことを大事にして援助する。 ○「何を作っているのかな？」「おいしそうだね」「ここはもっとしっかり混ぜた方がおいしいよ」など，おいしい料理ができるよう援助する。
0:30	発表するグループの表現が見えるように座る。	○見せ合いっこをする。 ・グループで作った料理を順番に表現し発表する。 ・見ている子ども達は，料理の材料になっている子ども達の表現の工夫を楽しむ。 ・何を作っているのかクイズにして当て合いっこをする。	○発表しているグループの表現が全員で共有できるよう援助する。 ○発表を見ている子ども達が，発表しているグループの表現のよさに気づくことができるようなことばをかける。 ○料理がおいしくなるようなことばをかけ，発表しているグループがより楽しく表現できるよう援助する。 ○慣れてきたら，クイズ形式にして，見ている子ども達に何の料理ができるか考えるよう促す。 ○発表している子どもの表現の工夫やこだわりを大事にし，認める。
00:55		○保育者の話を聞く。	○表現を工夫していたところを話しながら，料理のときの素材の変化などを今度はじっくり見てまたやってみようということばや，今度は本当に料理を作ることを楽しもうということばなどをかけて，次の活動へ期待をもつことができるようにする。
01:00			

料理の過程を表現することが難しいときは，身体で丸や四角を自由に作るあそびを導入にしてみましょう。慣れてきたところで，おにぎりや野菜など，食べ物を身体で表現しながら，少しずつ身体で料理を表現するとよいでしょう。

第5章　身体表現あそびの指導

　手あそびからクッキングあそびに発展させるのも楽しいです。おなじみの「カレーライス」や「ケーキ」を作っていく手あそびを身体全体を使った動きによるあそびに発展させるように進めていくと動きをイメージしやすいです。

　その日の給食や，食育と関連させて表現あそびを取り入れてみましょう。経験を身体全体で表現してあそぶことで，食べ物に対する興味や関心をより高めることができるでしょう。

1と5で

外国曲

1と5で たこやき たべて　2と5で やきそば たべて
3と5で ケーキを たべて　4と5で カレーライス たべて
5と5で おにぎり にぎって ピクニック

保育者から朝ごはんのお話を聞いています。

四角の……なんだろう。みんなでやってみよう。

まるい形，ふっくらした感じ……。挑戦中です。

自分たちで考えたものをみんなで見合いっこしました。もっとやりたい，もっと考えたいという気持ちが高まりました。

④ミュージカルごっこ「おおきなかぶ」

（A.トルストイ（再話）内田莉莎子（訳）佐藤忠良（画）『おおきなかぶ』（こどものとも）福音館書店, 1966年より）

主活動の内容	ミュージカルごっこ「おおきなかぶ」	準備物
ねらい	・お話のリズミカルなことばに合わせて身体で表現することを楽しむ。 ・友達の動きを模倣するなど，動きのやりとりを楽しむ。 ・友達とふれあいながら一つのテーマを身体で表現することを楽しむ。	・パネルシアター『おおきなかぶ』

時間	環境の構成	子どもの活動	保育者の援助・配慮
0:00	●保育者 ○子ども パネルシアター『おおきなかぶ』	○パネルシアター『おおきなかぶ』を見る。 ・パネルシアターの見える位置に集まる。 ・「うんとこしょ どっこいしょ」と言いながらお話の世界を楽しむ。 ・かぶを抜く動作をして楽しむ。	○お話の中に出てくる「うんとこしょ どっこいしょ」の部分を子ども達が楽しむことができるように読む。 ○子どもの声がそろってきたら，かぶを抜く動作も楽しんでみるよう声をかける。
0:05		○ミュージカルごっこを楽しむ。 ・動いても友達と身体が当たらない位置に立つ。 ・みんなで一通りストーリー通りに動いて楽しむ。 ・自分で考えた動きで楽しむ。 ・おじいさん，おばあさん，孫，犬，猫，ねずみとそれぞれ登場する順番にかぶを抜く表現を楽しむ。 ・友達同士何人かで仲間になって協力してかぶを抜こうとする表現を楽しむ子どもも出てくる。	○みんなでおじいさんや犬になってかぶを抜いてみようと提案し，動くことができるように援助する。 ○まずはおじいさんがやってきたことを伝え，おじいさんになりきってかぶを抜く表現を楽しむことができるようにする。 ○友達の真似をしている子どもも認めながら，自分で考えた表現を楽しんでいる子どもも認め，全員に知らせることで，子ども一人ひとりの表現をより豊かにするよう援助する。 ○何人かで協力してかぶを抜こうとしている子どもの表現を認める。
0:15		・自分がどの役になりたいか決める。 ・全員，保育室の端に一度座る。 ・自分の役が呼ばれたら真ん中に出てくる。 ・登場人物になりきって「はーい」「わんわん」などと言いながら登場し，保育者とやりとりを楽しむ。 ・保育者の声に合わせて，かぶを抜く表現を楽しむ。 ・一度あそんだ後，次は必ずおばあさん役の人はおじいさん役に，と先に登場した役の子どもにつながっていってかぶを抜くことを楽しむ。	○実際のお話では，それぞれが協力してつながってかぶを抜いたことを話し，一人ひとりでかぶを抜くのではなく，それぞれなりたい役でかぶを抜くことを提案する。 ○登場人物の名前を登場順に呼んだ後，それぞれの役になりきってかぶを抜くことができるよう，「おじいさん腰は痛くありませんか？」「優しいおばあさん今日も元気ですか？」など声をかけて，子どもが役になりきることができるよう援助する。 ○役になりきって楽しんでいる表現を認める。 ○お話の通り，つながってかぶを抜くことを大切にし，先の役の人につながることができるよう援助する。

第5章 身体表現あそびの指導

時間		子どもの活動	保育者の援助・配慮
0:25		・役を変えてもう一度楽しむ。 ○保育者の話を聞く。	○違う役になっての表現あそびを提案し，つながり合う楽しさを共有できるようにする。 ○あそびが終わったことを確認し，絵本であそぶ楽しさをまた違う絵本でやってみようと期待をもつことができるような声をかける。
0:30			○水分補給等を行い，子どもが落ち着くように援助し，次の活動につなげる。

> 題材はくり返しのあるものだけではなく，『きょうはみんなでクマがりだ』『もこ　もこもこ』などオノマトペが楽しいもの，また，主人公の言動が表現しやすいものを選んでみても楽しいでしょう。

⑤じしゃくでぴったんこ

（新リズム表現研究会作品「ぴたっ！　ぱっ！　──磁石のふしぎ」の一部を指導案にしました。）

主活動の内容	じしゃくでぴったんこ	準備物
ねらい	・日常生活の中で生まれてきた科学的な思考を，身体表現でイメージすることで楽しむ。 ・ルールを理解して，友達と共にあそぶことを楽しむ。 ・じゃんけんとはまた違った，磁石の性質を利用したルールで身体をくっつけたり離したりして楽しむ。	・マグネット（子どもの数×2） ・棒磁石（N極が赤，S極が青に色分けされたもの）2本 ・赤・青の手袋（子どもの数÷2）ずつ ・赤・青のリボン（子どもの数）ずつ ・ピアノ

時間	環境の構成	子どもの活動	保育者の援助・配慮
0:00	●●●●●●● ○○○○○○ ●保育者　○子ども	○手あそび「さかながはねて」をする。	○手あそびで，くっつくことが充分楽しめるようにする。 ○場所だけでなく，「ぴたっとくっついた」「ゆっくりくっついた」など，歌詞を変え，くっつき方を意識しながらあそぶことができるようにする。 ○「隣にくっついた」など，自分の身体だけではなく，友達の身体にくっついた，などを取り入れて楽しむ。
0:05	マグネットを取り出す。	○磁石の話を聞きながら，磁石であそぶ。 ・何にくっつくのか，保育室の様々なところにマグネットをくっつけようとする。 ・くっつく，くっつかないを報告し合う。	○マグネットを取り出し，保育室のあちこちにくっつけてみながら，何にでもくっつくのかたずねたりして子どもの理解を確かめながら意欲を高めるように話す。 ○子どもの生活経験に配慮しながら，実際にくっつくかどうか確かめる時間を大切にする。
0:20	マグネットを回収する	○磁石あそびの結果を話し合う。 ・保育者の前に集まり，マグネットをいったん片付ける。 ・何にくっついたか，どうくっついたかを話し合う。	○子どもが充分に楽しんだところで一度子ども達を集め，どこにくっつくか，どんなふうにくっついたかを報告し合えるよう声をかける。 ○ことばで報告しにくい子どもには実際にマグネットを持たせてくっつく様子を実演できるようにする。 ○話し合ったあと，マグネットを回収する。
0:30	棒磁石を2本取り出す。	○棒磁石について知る。	○棒磁石を取り出し，マグネットとくっつけたり，棒磁石同士をくっつけたりして興味を高める。 ○同じ色同士だとくっつかないことや，違う色同士だとくっつくことを確認するだけではなく，マグネットと棒磁石を使って，どのようなくっつき方をするか，離れ方をするか，よく観察できるように工夫する。

117

0:35	手袋を配る。	○じしゃくでぴったんこゲームをする。 ・右手に赤の手袋，左手に青の手袋をはめる。 ・2人1組になって向き合う。 ・ルールを聞き，理解してあそぶ。	○みんなで磁石になってみようと声をかけ，赤と青の手袋を片手分ずつ配布する。 ○2人1組になるようグループを作り，「今から磁石になるよ」と声をかけてゲームを始める。 ○最初はルールが理解できるように，くっついた，はなれたを楽しむようにする。 ○子ども達がルールを理解できたところで，じゃんけんの要領で，「磁石でホイ」と声をかけ，右手か左手を出すよう説明する。違う色同士ならぴったんこで握手，同じ色同士であったらさようならで離れるという表現を楽しむことができるようにする。 ○慣れてきたら，「ぴったんこだった人達は本物の磁石のようにぴたっとくっついてみようね」と声をかけ，吸い付くようなくっつき方を試してみたり，「さようならだった人達はどうだったかな，くっつくかな，くっつくかな，あー，くっつきそうでくっつかないよ」というように，くっつけようとしたときに生まれる斥力（せきりょく）の様子を思い出しながら表現できるよう意識して援助する。
	自由に歩きやすい曲をピアノで弾く。	・ペアを変えて楽しむ。	○ピアノの曲（中川李枝子作詞・久石譲作曲「さんぽ」など自由に歩きやすい曲）に合わせて自由に動き，ピアノの曲が止まったら，誰かとペアを組むようにして，ペアを変えて楽しめるよう援助する。 ○単にくっついたり離れたりする楽しさだけではなく，磁石がくっつくときの吸い付き合うような表現や，離れるときのくっつきそうでくっつかない表現を楽しむことができるよう援助する。
0:45	リボンを配る。	○じしゃくでぴったんこゲームを発展させ，足でぴったんこゲームをする。 ・保育者の前に集まる。 ・足に赤と青のリボンを巻く。 ・身体を棒磁石に見立ててゲームをする。	○前に集まった子どもからペアを決めて座るよう促す。 ○全員がペアになって座ったことを確認し，今度はリボンを赤青1本ずつ配る。 ○足を磁石に見立てて楽しむよう援助する。数回楽しんだ後，今度は立ってやってみようと声をかける。 ○「磁石でホイ」で片足を上げるよう説明し，違う色だとぴったんこ，同じ色だとさようなら，のルールを確認する。 ○様々なくっつき方を認め，楽しんで磁石になれるように援助する。
		・ペアを変え，ゲームを楽しむ。	○ペアを変えて楽しむことができるよう援助する。
0:55	手袋とリボンを回収する。	○保育者の周りに集まる。	○くっついたり離れたりする楽しさとともに，磁石のような表現を楽しめたか確認し，磁石など身の回りの楽しいものに興味をもつことができるようにする。

> 3～4歳児の場合は，磁石あそびの体験の後，保育者が大きな磁石になり，子ども達に近づいて行ってくっついていくあそびに展開するだけでも楽しめます。その際，走ったり，身体を揺らしたり左右に振ったりジャンプしても，子ども達が磁石のようにくっついているという保育者と子どもとのふれあいや，磁石役の保育者が大きくジャンプして子ども達がぱっと離れるおもしろさを充分に楽しむことができるよう配慮しましょう。

第5章　身体表現あそびの指導

> 磁石は小学校3年生の学習内容です。幼小連携を意識して，磁石を使ったおもちゃ作りなど，小学生のお兄さんお姉さんとあそぶという展開に広げても楽しいです。

さかながはねて

作詞・作曲：中川ひろたか

さかなが　はねて　ピョン　あたまに　くっ　つ　い　た　ぼうし

⑥ミュージカルごっこ「もりのくまさん」

主活動の内容	ミュージカルごっこ「もりのくまさん」	準備物
ねらい	・音楽に合わせて身体で表現することを楽しむ。 ・友達の動きを模倣するなど，動きのやりとりを楽しむ。	・ピアノ ・楽譜「森のくまさん」 ・くまさんとおじょうさんを描いたペープサート（絵を描いた画用紙を割り箸に貼ったもの）

時間	環境の構成	子どもの活動	保育者の援助・配慮
0:00	●保育者　〇子ども ピアノ 楽譜「森のくまさん」 ペープサートを出す	〇「もりのくまさん」のうたをみんなで楽しむ。 ・そろって「もりのくまさん」を歌う。	〇「もりのくまさん」をピアノで弾き歌いする。 〇子どもが，歌ったり，聴いたりして楽しむことができるように歌う。 〇知らない子どもがいる場合は「もりのくまさん」のうたに描かれたストーリーを話しながら，歌詞を伝える。 〇一度，全員で一緒に歌ってみようと促し，歌いやすいようピアノを弾く。
0:05		〇ミュージカルごっこの話を聞く。 ・保育者のペープサートを見る。 ・保育者の歌う後に続けて歌う。 ・保育者の歌と動きの後に続けて歌う。	〇「もりのくまさん」のうたがかけ合いになっていることを知らせるために，あらかじめ用意しておいたおじょうさんを描いたペープサートを取り出し，歌う。次にくまさんを描いたペープサートを取り出し，かけ合いの部分がわかりやすく伝わるよう，また，歌い出しがわかるように，ゆっくり歌う。 〇歌い出しの部分は，おじょうさんかくまのどちらかのペープサートを前に出してわかるようにする。さらに，歌っているときは，うたの情景に合うよう動きをつけることで，子どもが楽しみながら表現することへの期待をもつことができるようにする。 〇「先生がくま（おじょうさん）になるから，みんなはおじょうさん（くま）になってね」と言い，ピアノを弾きながら，保育者の前後に続けてかけ合って歌うことが楽しめるようにする。 〇「ある日」「森の中」に合わせて保育者が自由に動くことで，子どもが真似してあそびたくなるようにする。

第Ⅱ部　身体表現あそびの具体的な指導案・教材の紹介

時間	環境の構成	子どもの活動	保育者の援助・配慮
0:10〜0:20	（図）	・2つのグループに分かれて、かけ合うように歌う。 ・先に歌う方と後で歌う方を決める。 ・歌いながら立ったり座ったりすることを楽しむ。 ・歌う後先を交代して楽しむ。	○今度はみんながくまかおじょうさんになって歌うことを提案し、グループ分けをする。充分に動くことが楽しめるよう間隔を開けるよう促す。 ○どちらが先に歌うかが決まったか確かめる。 ○「ある日、森の中くまさんに出会った」の部分は歌う方が立ち、歌わないときは座るというルールで歌うことを提案する。 ○「花咲く森の道くまさんに出会った」の部分は全員で立って歌うように知らせる。

2日目

時間	環境の構成	子どもの活動	保育者の援助・配慮
0:00	（図） ●くま役の子ども ○おじょうさん役の子ども ●保育者 ピアノ 楽譜「森のくまさん」	○昨日のあそびを確認し、今日のあそびに期待をもつ。 ・先に歌うグループは、どんな動きをしたいか相談する。 ・歌う後先を交代して楽しむ。	○もりのくまさんを歌った話をし、今日はもっと楽しく歌うことを提案する。 ○先に歌うグループは自由に身体を動かして表現してよいことを伝え、後で歌う方はそれを模倣するよう伝える。 ○最初はややゆっくりとしたテンポでピアノを弾き、動きを考え、表現することを楽しむことができるように援助する。 ○何度か歌うが、動きは変えていいよう伝え、自由に表現を楽しむことができるよう援助する。 ○少しずつテンポを元に戻し、即座に反応する楽しさも加えるよう援助する。 ○真似っこあそびからくまさんとおじょうさんになって動いてみようと伝え、2つのグループをさらに2つに分け、どうすればよいか各グループで考えるよう促す。
0:15〜0:30		○くまとおじょうさんになって楽しむ。 ・おじょうさんとくまのグループを2つずつ、計4つのグループに分かれてあそぶ。 ・くま役、おじょうさん役の動きをそれぞれ考える。	○何度か歌い、ストーリーを振り返りながら、くまとおじょうさんがどういう動きをしているか子どもと一緒に確認する。 ○最初は、歌詞に合わせて、楽しく歌い身体を動かす子どもの自由な発想による表現を認める。 ○くまとおじょうさんが会話しているような表現を楽しめるよう援助し、認める。

〈3日目以降，発展編〉

時間	環境の構成	子どもの活動	保育者の援助・配慮
0:00	（図） ●くま役の子ども ○おじょうさん役の子ども ●保育者 ピアノ 楽譜「森のくまさん」	○ミュージカル発表会をする。 ・できたグループが発表する。 ・観客の子ども達は一緒に歌う。 ・自分たちのグループの発表のよさに気づく。 ・他のグループの発表を楽しむ。	○「今日は、まず、こちらのチームのおじょうさんとこのチームのくまさんでやってもらいましょう」と、グループを指名し、ただ発表して終わりではなく、見ることによって各グループの表現が共有できるよう援助する。 ○「次は、このチームのおじょうさんとこのくまさんのチームでやってもらいましょう」と、見ていたグループを指名し、発表したグループは観客にまわるよう促す。 ○発表を見ている子ども達が、発表しているグループの表現のよさに気づくことができるようなことばをかける。 ○発表している子どもの表現の工夫やこだわりを大事にし、認める。

		○保育者の話を聞く。	○あそびが終わったことを確認し，今度またやろうと期待をもつことができるような声をかける。
0:35			
0:40			○水分補給等を行い，子どもが落ち着くように援助し，次の活動につなげる。

・ミュージカルごっこで使用できるかけ合いのある曲としては，キャンプファイヤーで歌う「山賊の歌」も楽しいです。会話調になっている「おおブレネリ」も楽しいでしょう。

森のくまさん

訳詞：馬場祥弘
外国曲

2. くまさんの いうことにゃ おじょうさん おにげなさい
   スタコラ サッサッサのサ スタコラ サッサッサのサ
3. ところが くまさんが あとから ついてくる
   トコトコ トッコトッコト トコトコ トッコトッコト
4. おじょうさん おまちなさい ちょっと おとしもの
   しろいかいがらの ちいさなイヤリング
5. あらくまさん ありがとう おれいに うたいましょう
   ラララ ラララララ ラララ ラララララ

第6章　子どもが喜ぶ身体表現の教材

　この章では，保育に活用できる実際の身体表現の教材を紹介します。
　「手あそび」は，手指を使って形や物を表現してあそびます。「うたあそび」は，ことばやリズムを身体の動きで楽しみます。これらのあそびは身体表現の格好の教材と言えます。一人でするあそびを友達と向かいあって一緒にすると，お互い向きあっているだけなのに笑顔が出てきます。2人で手合わせをすると，2人のテンポが合い面白くなって，どんどんテンポが速くなることがあります。いつもは座ってする手あそびを立ってやってみると，動きが大きくなって表現が豊かになります。身体のふれあいを取り入れるとさらにあそびが広がります。
　あそびで歌われるうたは，日常のことばの延長です。いつもおしゃべりしていることばが旋律になっているため，方言や地域の独特の言い回しなど，地域性が反映します。また，世代を超えて脈々と伝わるあそびもあり，歴史を感じることもあります。身体を通した文化の継承という面で，大切にしたい伝承あそびがたくさんあります。
　子どもはふれあうあそびが大好きです。子どもとの双方向のやり取りを楽しみながら，子どもが難しいと感じるところがあれば，簡単なことから徐々に難しいことにチャレンジできるように考えてみましょう。できないことも何度もくり返してできるようになると，子どもにとってうれしい経験にもなります。

1 ｜ ひとりで　ふたりで　みんなで

　伝承あそびには，一人であそぶ手あそびがあります。手をグーパーする，左右を意識する，指で数を表すことで，一人でも十分楽しめます。2人で向かいあってするとリズムを共有できて楽しみが増えます。さらに人数を増やしてみんなでリズムが合うと，それだけで楽しいあそびになります。手のグーパーを組み合わせたあそびの「ちゃつぼ」，指で「いち」「に」「さん」と動かすあそびからはじめていきましょう。

第Ⅱ部　身体表現あそびの具体的な指導案・教材の紹介

1　ちゃつぼ

わらべうた

ちゃちゃつぼ　ちゃつぼ　ちゃつぼにゃ　ふたがない　そこをとって　ふたにしよ

〈あそび方〉

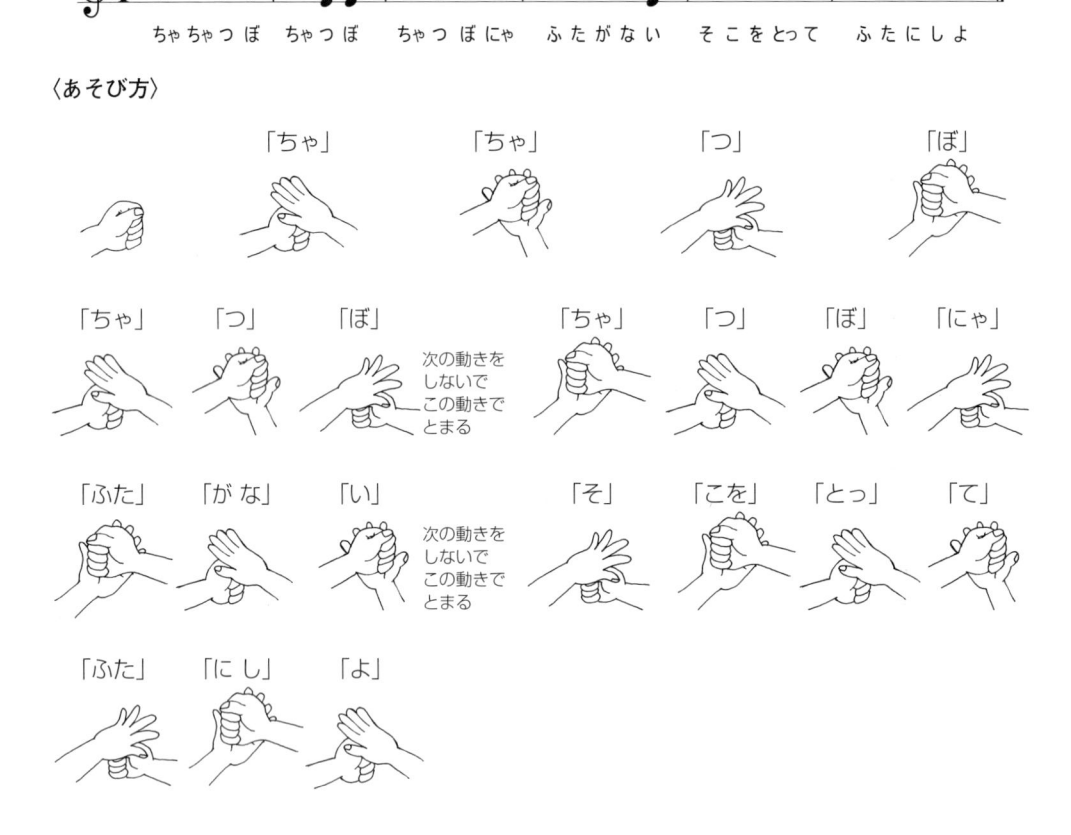

「ちゃ」　「ちゃ」　「つ」　「ぼ」

「ちゃ」「つ」「ぼ」次の動きをしないでこの動きでとまる　「ちゃ」「つ」「ぼ」「にゃ」

「ふた」「がな」「い」次の動きをしないでこの動きでとまる　「そ」「こを」「とっ」「て」

「ふた」「にし」「よ」

同じことを手を替えてやってみましょう。

〈あそびの発展〉

2人で向かいあってあそびましょう。

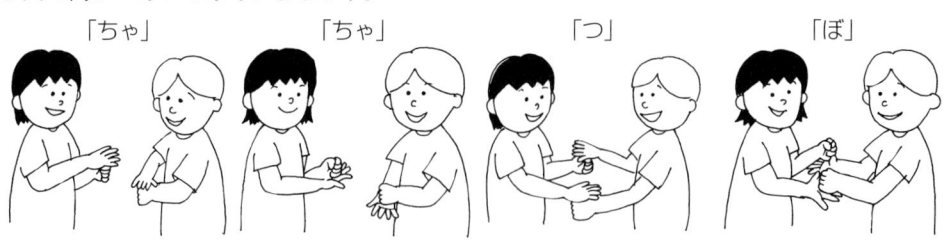

「ちゃ」　「ちゃ」　「つ」　「ぼ」

第6章　子どもが喜ぶ身体表現の教材

2　いちにのさん

わらべうた

いち　に　さーん　の　し　のにー　の　ご

さん　いち　し　のに　の　し　のに　の　ご

〈あそび方〉

歌いながら指を替えましょう。

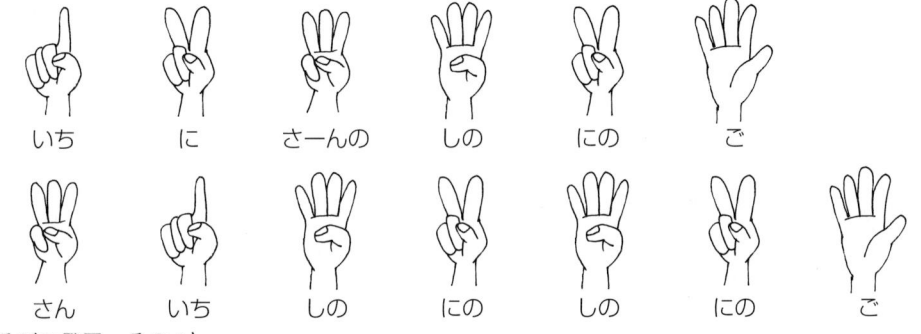

いち　に　さーんの　しの　にの　ご

さん　いち　しの　にの　しの　にの　ご

〈あそびの発展　その1〉

指の使い方を替えてみましょう。

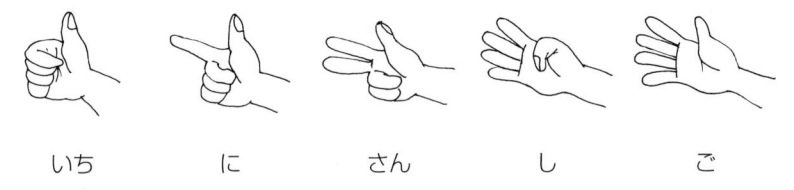

いち　に　さん　し　ご

〈あそびの発展　その2〉

　　4人で番号を言いながら手をあげてあそびましょう。
　①4人で「1」～「4」の担当番号をきめる。
　②自分の番号で右手を上げる。「5」はみんなで両手を上げる。
　③自分の番号で手拍子をする。「5」はみんなで手拍子をする。
　④自分の番号で各自顔の一部をさわる動きをする。「5」はみんなで考えた動きをする。
　⑤自分の番号で各自全身を使った動きをする。「5」はみんなで「きめポーズ」をする。

〈あそびの発展のヒント〉

　　「いち　に　さん　しの　にの　ご」とことばのリズムに合わせて，器用に指を動かしていくあそびですが，「1」のポーズ，「2」のポーズ，「3」のポーズ，「4」のポーズ，「5」のポーズをあらかじめ決めておいて，歌いながら動くあそびにも発展できます。

125

2 やってもらうあそび・やってあげるあそび

　子どもは、わくわく、ドキドキしながら、だれかにやってもらうあそびを待っています。「ふれられるとくすぐったい」と感じていますが、どこかで、ふれてくれている人の温かさを感じています。はじめは、ゆっくり、やさしく、そして、お互い慣れてきたら、いつものあそび方に変化を持たせてみましょう。やってもらうだけのあそびではなく、やってあげるあそびにもなっていきます。

　関西に伝わる面白いあそびを紹介します。「せんまいづけ　どぼづけ」で歌われる千枚漬けは、京都のかぶを薄くスライスしたお漬物です。スライスする動作が身体で表現されます。「たこやき」「おせんべ」など身近なものも身体で表すあそびになっています。関西のことばの味わいも感じながらあそびましょう。

1　せんまいづけ　どぼづけ

〈あそび方〉

　「せんまいづけ、どぼづけ」と言いながら、横になっている子どもの身体を、優しくさすります。最後に「キュ、キュ、キュ」といいながら、やさしく、おなかなどをくすぐります。おなか、うで、脚、顔など、ふれる身体の部分を替えてみましょう。子どもの表情をよく見て、気持ちのやりとりを大切にしながら進めましょう。

第6章　子どもが喜ぶ身体表現の教材

2　たこやき　たこやき　やけたかな

わらべうた

〈あそび方〉

　2人であそびます。一人は、頬に指をあて、「たこやき」をつくります。もう一人は、「たこやき、たこやき、やけたかな」と歌いながら、頬の「たこやき」にふれ、「やけたかな」の「な」で止まったら「たこやき」を食べるふりをします。交替してあそびましょう。

〈あそびの発展〉

　数名であそびます。みんなが指で「たこやき」をつくります。一人が「たこやき、たこやき、やけたかな」と、歌いながら、頬を順番にふれていきます。最後に「な」で止まった「たこやき」を「パクパク」と言いながら食べるふりをします。食べられたたこやきの手はおろしていきます。たこやきがなくなるまでみんなで歌いながら楽しみましょう。

　頬の「たこやき」を食べるふりをされると、子どもは本当に頬を食べられると思って、「返して」という動作をすることがあります。「たこやき」を食べようか、食べずに戻そうかというやり取りをするのもあそびです。本当に頬の一部分がなくなったように感じてしまうかもしれません。そのときはやさしく子どもの頬に戻すことも忘れないようにしましょう。

3 おせんべやけたかな

わらべうた

　お　せ　ん　べ　や　け　た　か　な　くるっ

〈あそび方〉
　①数人の子どもで円を作る。
　②親役を一人決める。
　③手の甲を上にして，両手を出す。親も左手を出す。
　④親がうたに合わせて順番に手の甲を指さししていく。一文字に対して一つのリズムで進む。
　⑤"おせんべやけたかな"の"な"に当たった手は，手のひらを上に向ける。
　⑥くり返し行う。手のひらで"な"で止まったら，その手は引っ込める。
　⑦両手が下がった子どもが勝ち。

　　　　　　　　　㊙　せ　ん　べ　や　け　た　か　㊙

〈あそびの発展〉
　「㊙んべい　㊙んべい　㊙けた　との　せんべい　やけた
　　㊙の　せんべい　㊙けた（こげた）」
　と唱えながら，親は○印のリズムで指さしていくあそび方もあります。

4 針に糸を通しましょう

わらべうた

はりにいとを とおしましょ　チクチクチクチク　はりさして
バケツで ゆすいで　しぼって　ぞうきんで ふきましょう

〈あそび方〉

　子どもは仰向けに寝て，保育者やおとなが子どもの身体にふれてあそびます。

　おなかに指をあてて針をチクチクさす様子，足首を持って揺らしてゆすぐ様子，脚を交互にして絞る様子を動きにしています。チクチクされる感覚，揺らしてもらう感覚など，子どもがいやがらずに身体の感覚を楽しんでいることを確かめながらあそびましょう。

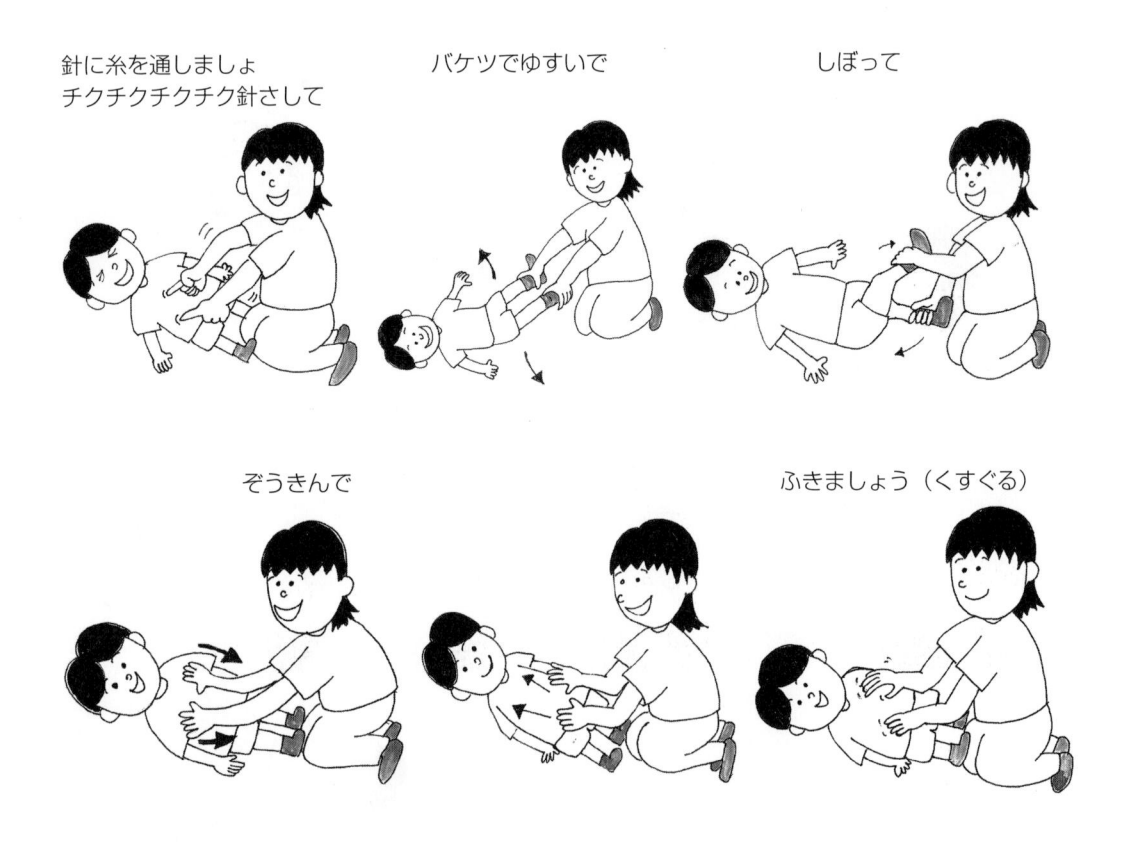

針に糸を通しましょ
チクチクチクチク針さして

バケツでゆすいで

しぼって

ぞうきんで

ふきましょう（くすぐる）

第Ⅱ部　身体表現あそびの具体的な指導案・教材の紹介

5　ららら　ぞうきん

アメリカ民謡

らららぞうきん　らららぞうきん　らららぞうきんを　ぬいましょう
ちくちくちくちくちくちくちくちく　ぬいましょう

〈あそび方〉

　「せんまいづけ　どばづけ」や「針に糸を通しましょう」のあそびと同様の動きです。うたのリズムに合わせて，あそびます。歌う人は，相手の様子をよく見ながらテンポを変えてみましょう。ゆっくりしたテンポで，身体をゆっくりさすると，それだけで，ゾクゾクするでしょう。足首を持って揺らしてもらうと，身体の力が抜けて，リラックスした感じも味わうことができます。

1. ららら　ぞうきん　ららら　ぞうきん
   ららら　ぞうきんを　縫いましょう 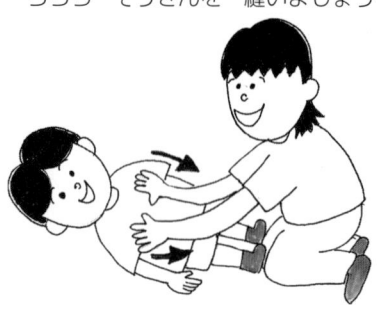
   ちくちくちくちくちくちくちくちく
   縫いましょう

2番以下「らららぞうきん」はこの表現をする。

2. ららら　ぞうきん　ららら　ぞうきん
   ららら　ぞうきんを　ぬらしましょう
   じゃぶじゃぶじゃぶじゃぶ　じゃぶじゃぶじゃぶじゃぶ
   ぬらしましょう

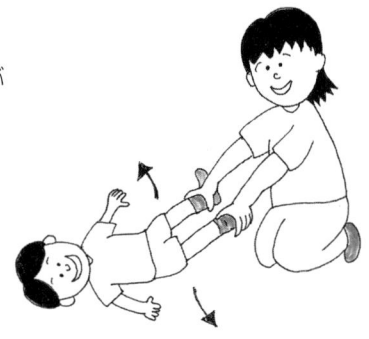

第6章　子どもが喜ぶ身体表現の教材

3. ららら　ぞうきん　　ららら　ぞうきん
　 ららら　ぞうきんを　絞りましょう
　 ぎゅうぎゅうぎゅうぎゅう　ぎゅうぎゅうぎゅうぎゅう
　 絞りましょう

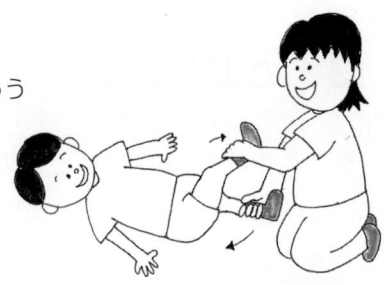

4. ららら　ぞうきん　　ららら　ぞうきん
　 ららら　ぞうきんで　拭きましょう
　 ごしごしごしごし　ごしごしごしごし
　 拭きましょう

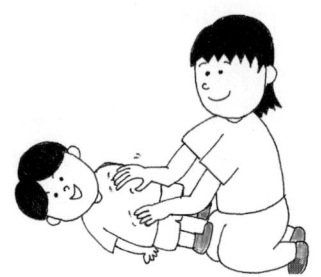

5. ららら　ぞうきん　　ららら　ぞうきん　ららら　ぞうきんを　洗いましょう
　　 じゃぶじゃぶ　ごしごし　ぎゅうぎゅうぎゅうぎゅう　洗いましょう
　　　※「じゃぶじゃぶ」「ぎゅうぎゅう」「ごしごし」の動作を入れ替えてあそんでみましょう。

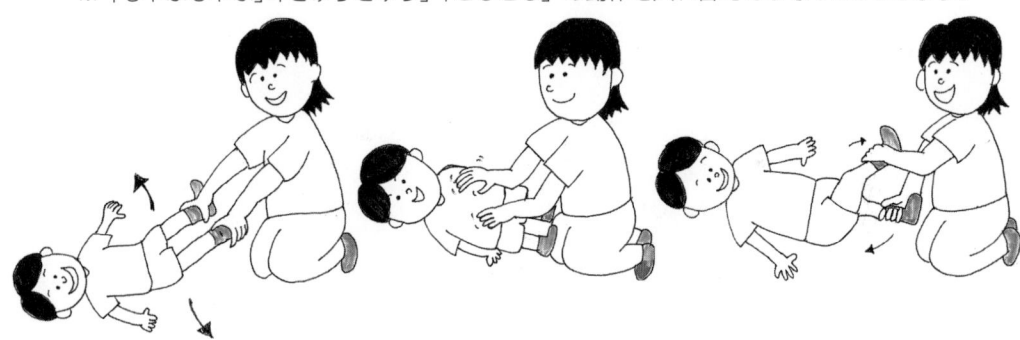

6. ららら　ぞうきん　　ららら　ぞうきん　ららら
　 ぞうきんを　干しましょう
　 ぱたぱたぱたぱた　ぱたぱたぱたぱた
　 きれいになりました

3 かおあそび

　顔を見合わせると人と人との関係が生まれます。初めての人同士も，顔を合わせることで，相手と話がはじまります。親しみが増すほどに顔と顔の距離は縮まり，子どもにとって，近くに顔があるというのは，心の安定にもつながります。
　「あがりめ，さがりめ」は，目を引っ張って顔を変えるあそびです。顔を合わせてにらめっこする「だるまさん　だるまさん」は相手を笑わせようと顔をゆがめて面白い表情になるのを楽しみます。「ここは　とうちゃん　にんどころ」は目や鼻，口などを，おとなにいっぱいさわってもらうあそびです。ユーモアいっぱいの表情で，相手の顔をじっと見てみましょう。

1 あがりめ　さがりめ

わらべうた

あ　が　り　め　　さ　が　り　め　　く　る　り　と　ま　わ　っ　て　ね　こ　の　め

あがりめ　　　　さがりめ　　　　くるりとまわって
　　　　　　　　　　　　　　　　ねこのめ

2 だるまさん

わらべうた

だるまさん だるまさん にらめっこ しましょ
わらうとまけよ あっぷっぷ

〈あそび方〉
①2人で腕を組んで向かい合う。
②「だるまさん　だるまさん　にらめっこしましょ　わらうとまけよ」と一緒に歌う。
③「あっぷっぷ」で頬をふくらませたり，顔の表情をゆがめたりして，相手が笑うように表情を変える。

〈あそびのヒント〉
　　相手の顔を見て笑わないようにするあそびです。お互いが見つめ合って表情が動かなくなったら，ちょっと表情を動かしてみましょう。それでも相手が笑わないとき，相手が笑うだろうなと思う表情を作ってみると，だんだん面白い顔をしている自分自身が面白くて笑ってしまうこともあります。見つめ合う沈黙の時間が共有できることが楽しいあそびです。

3 ここは とうちゃん にんどころ

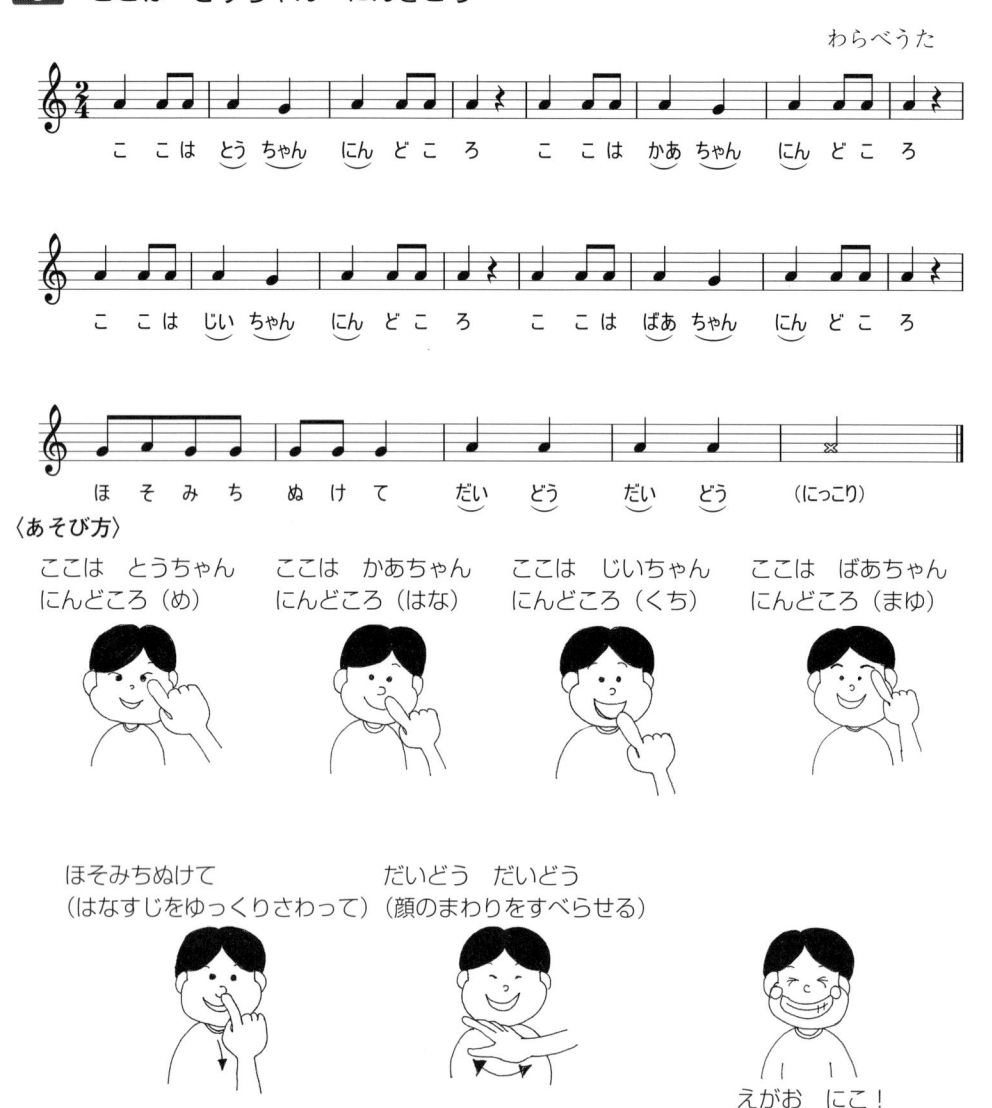

わらべうた

ここは とうちゃん にんどころ ここは かあちゃん にんどころ
ここは じいちゃん にんどころ ここは ばあちゃん にんどころ
ほそみち ぬけて だいどう だいどう （にっこり）

〈あそび方〉

| ここは とうちゃん にんどころ（め） | ここは かあちゃん にんどころ（はな） | ここは じいちゃん にんどころ（くち） | ここは ばあちゃん にんどころ（まゆ） |

ほそみちぬけて（はなすじをゆっくりさわって）　だいどう だいどう（顔のまわりをすべらせる）

えがお にこ！

〈あそびのヒント〉

　目，鼻，口，眉，などの顔の名称は子どもが早くから覚えることばです。
　自分の顔をさわってもらいながら顔の名称も覚えていく機会にもなります。

4 じゃんけんあそび

　じゃんけんは，グー・チョキ・パーの3つを組み合わせて，勝ち負けを決めるあそびです。じゃんけんをする相手がいるからこそじゃんけんは成立します。相手が何を出すか予想して，自分が何を出すか瞬時に決めなければなりません。決断するとき，あきらめるときもじゃんけんにゆだねることがあります。一対一でも，集団でもあそぶことができます。じゃんけんの勝ち負けがあるため，「もう一回」と続けたくなり，夢中になるあそびです。

1　げんこつやまの　たぬきさん

わらべうた

せっ せっ せー の よい よい よい げん こ つ や まの
た ぬ き さん お っ ぱい の ん で ね ん ね して
だっ こ し て おん ぶ し て ま た あ し た

〈あそび方〉

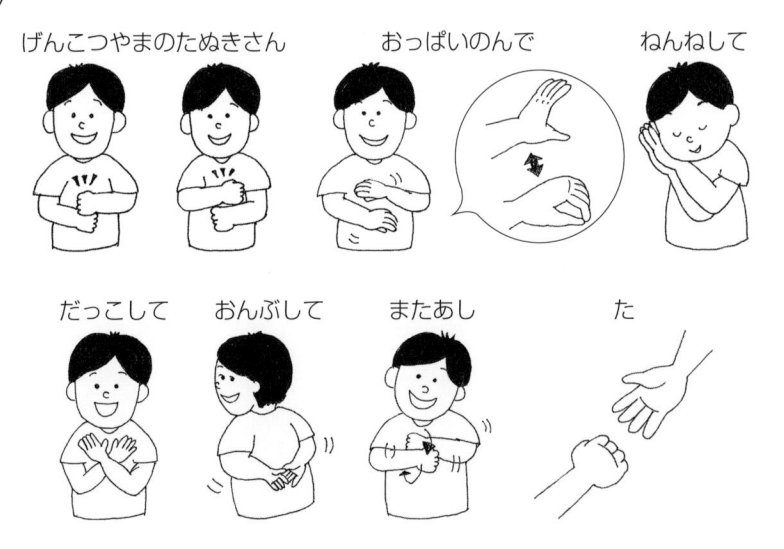

げんこつやまのたぬきさん　　おっぱいのんで　　ねんねして

だっこして　おんぶして　またあし　　た

第Ⅱ部　身体表現あそびの具体的な指導案・教材の紹介

〈あそびの発展　その1〉

　「げんこつやまのたぬきさん」は幼ない子どもにもよく知られている手あそびです。知っている手あそびは，入園したばかりで園生活にまだ慣れていない子どもにも，安心できるあそびになります。また，知っている手あそびであっても，たくさんの友達と一緒にするとまた違った楽しみ方が体験できます。げんこつやまの手あそびの最後で「またあした」と大きな声で，身体をいっぱい使って思いを込めたじゃんけんをみんなですることは，家庭であそんできた一対一のあそびとはまた違ったダイナミックな感覚のあそび体験になります。あしたからの園生活が楽しみになるかもしれません。

　　　　　　　　　　グー　　　　　　チョキ　　　　　　パー

〈あそびの発展　その2〉

　よく知っている手あそびから，身体表現を楽しむ展開例

①「げんこつやまのたぬきさん」と歌ったあと，保育者が手で山の形を作りながら「げんこつやまってどこにあるかな」と問いかける。

②子ども達は，保育者が作る手の形に興味をもち，同じように山の表現をする。

③保育者は「のぞいてみよう」と手の中をのぞきながら，「なにが見えた？」「たぬきさんいたかな？」など問いかける。

④子ども達は，「げんこつやまが見えた」「たぬきさんがじゃんけんしてる」「たぬきさんがおっぱいのんでる」など，手あそびの情景に関連したことを話したり，表現したりあそびを広げる。

⑤保育者は子ども達の表現を十分に認めながら，「またあしたあそぼうね」と手あそびの楽しさを共有して，手あそびをすることの期待をもつようにする。

　このように，一つの手あそびから，簡単なイメージを共有するあそびや，お話の展開を楽しむあそびにつなげることができます。

第 6 章　子どもが喜ぶ身体表現の教材

2　おてらのおしょうさん

わらべうた

せっ　せっ　せーの　よい　よい　よい　おてらの
おしょうさんが　かぼちゃの　たねを　まきました
めが　でて　ふくらんで　はながさいたら　じゃん　けん　ぽん

〈あそび方〉

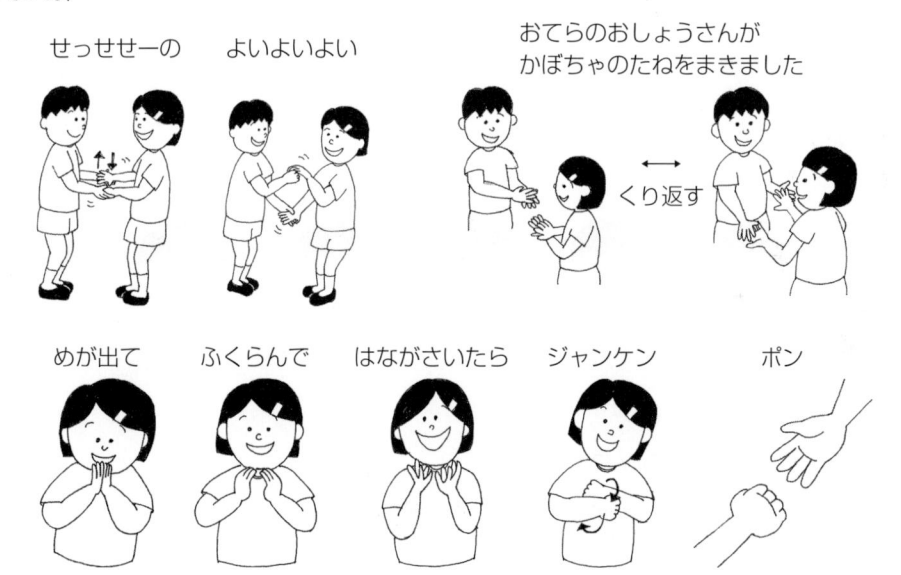

せっせせーの　　よいよいよい　　おてらのおしょうさんが
　　　　　　　　　　　　　　　　かぼちゃのたねをまきました
　　　　　　　　　　　　　　　　　　　　　　　　　くり返す

めが出て　　ふくらんで　　はながさいたら　　ジャンケン　　ポン

〈あそびの発展　その1〉

保育者：「めが出てふくらんで，はながさいたら，どうなったと思いますか。」

子ども：「めが出て，ふくらんで，はながさいたら，かれちゃった。」

保育者：「かれちゃった，どんなふうにでしょうか。」

子ども：「こんなふうに」と花がかれる動作を考える。

保育者：「はながさいたら，他にどうなるでしょうか。」

子ども：「はながさいたら，実になります。」

保育者：「どんな実になるでしょうか。」

子ども：「こんな大きな実」と大きな実を表現したり，「こんな小さな実」と言いながら小さい実を表現する。

　手あそびの中のことばをヒントに，一緒に動きをさがしていくのも面白いあそびです。

第Ⅱ部　身体表現あそびの具体的な指導案・教材の紹介

〈あそびの発展　その２〉

　「おてらのおしょうさん」の手あそびは「めが出てふくらんで，花が咲いたら，実になって，かれちゃって，ぐるりとまわってじゃんけんぽん」「めが出てふくらんで，花が咲いたら，かれちゃって，ロケットのってビュンビュンビュン」「めが出てふくらんで，花が咲いたら，かれちゃって，東京タワーにぶつかって，ぐるりとまわってじゃんけんぽん」など，地域によってあそびが異なるようです。

3　じゃがいも　芽　だした

わらべうた

じゃ が い も め だ した　　は な さきゃ ひら いた

は さ み で ちょん ぎる ぞ　　えっ さ か まる めて お で ん が ホイ

〈あそび方〉

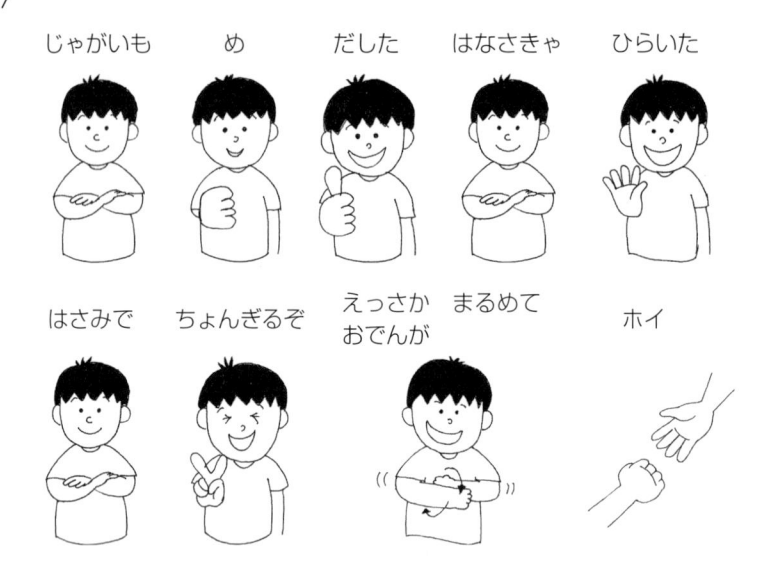

じゃがいも　め　だした　はなさきゃ　ひらいた

はさみで　ちょんぎるぞ　えっさかおでんが　まるめて　ホイ

〈あそびの発展〉

　２人組で向かいあい，「からだでじゃんけん」をつかってあそんでみましょう。

①「じゃがいも」で，しゃがむ。

②「めだした」で，立ち上がる。

③「はなさきゃ」で，しゃがみ，「ひらいた」で立ち上がり身体で「パー」をする。

④「はさみで」でしゃがみ，「ちょんぎるぞ」で立ち上がり身体で「チョキ」をする。

⑤「えっさかまるめておでんが」は，かいぐりをして，

⑥「ホイ」で，身体でじゃんけんをする。

4 やきいも　グーチーパー

作詞：阪田寛夫
作曲：山本直純

やきいも やきいも おなかが グー ほかほか ほかほか あちちの チー
たべたら なくなる なんにも パー それ やきいも まとめて グーチーパー

〈あそび方〉

| やきいもやきいも おなかが（手拍子） | グー | ほかほかほかほか あちちの |

| チー | たべたらなくなる なんにも | パー | それ やきいも まとめて（手拍子） |

| グー | チー | パー |

〈あそびの発展〉
うたに合わせてたくさんの友達と身体を動かしてみましょう。
① 「やきいもやきいも　おなかが」は，2人組になり，向かいあってその場でスキップします。
② 「グー」で両足をそろえて，足じゃんけんの「グー」で止まります。
③ 「ほかほかほかほか　あちちの」は，スキップします。
④ 「チー」で両足を前後に開いて，足じゃんけんの「チョキ」をします。
⑤ 「たべらなくなるなんにも」は，スキップします。
⑥ 「パー」で両足を左右に開いて，足じゃんけんの「パー」をします。
⑦ 「それやきいもまとめて」はスキップし「グーチーパー」は足で「グー」「チョキ」「パー」をします。
⑧ 「じゃんけん　ポン」と相手とじゃんけんをして，負けた人は，勝った人の後ろにつながります。じゃんけんは足でしても楽しいです。
⑨ 全員がつながるまで楽しみましょう。

5 おちゃらか ホイ

リズムに合わせてじゃんけんを楽しみます。じゃんけんも手だけでするのではなく，全身で，じゃんけんをしてみましょう。心のこもったじゃんけんあそびが展開できそうです。

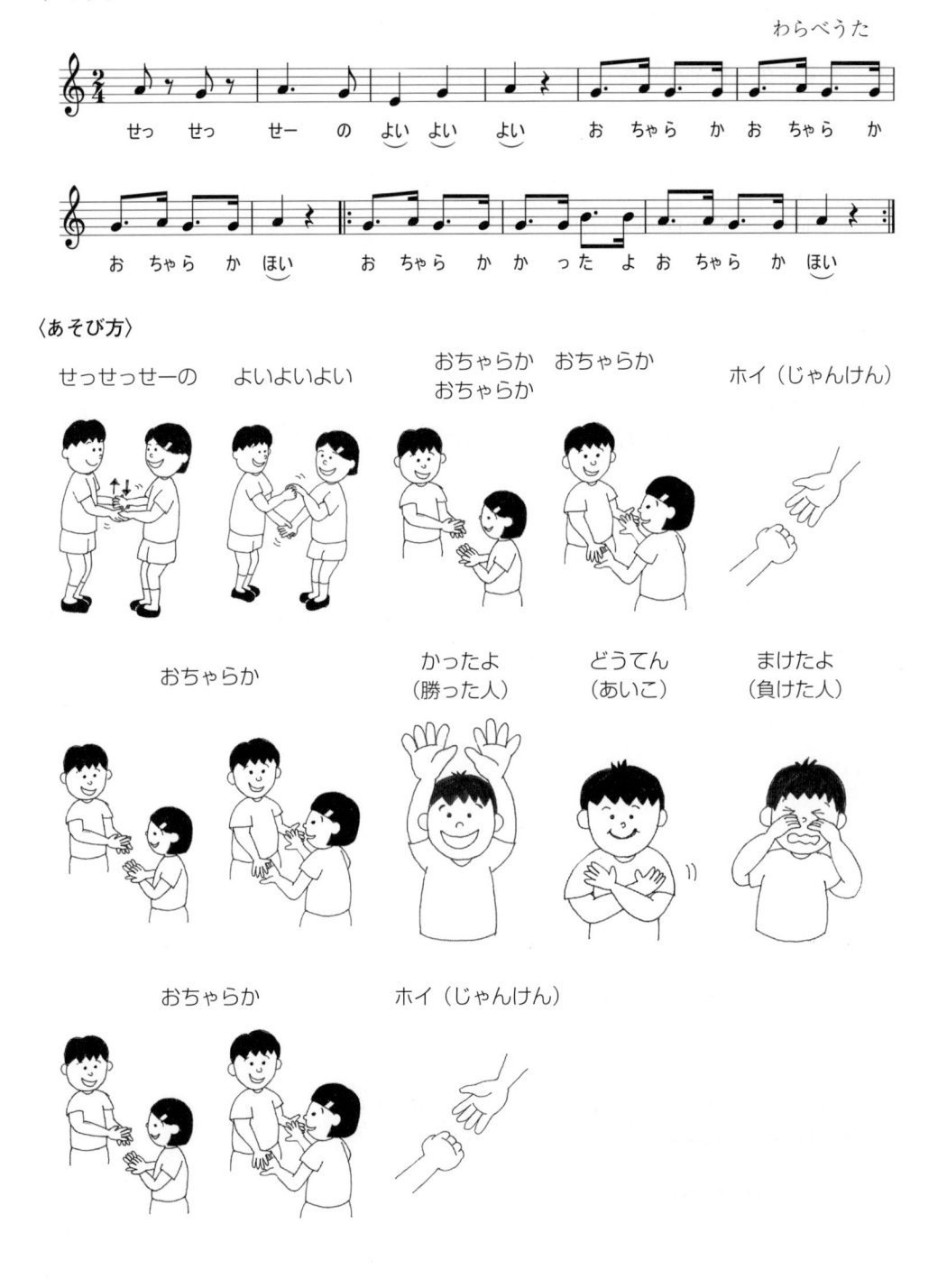

わらべうた

せっ せっ せー の よい よい よい お ちゃら か お ちゃら か
お ちゃら か ほい お ちゃら か かった よ お ちゃら か ほい

〈あそび方〉

| せっせっせーの | よいよいよい | おちゃらか おちゃらか | おちゃらか | ホイ（じゃんけん） |

おちゃらか　　かったよ（勝った人）　どうてん（あいこ）　まけたよ（負けた人）

おちゃらか　　ホイ（じゃんけん）

〈あそびの発展〉

　　じゃんけんは，グーよりパーが強い，パーよりチョキが強い，チョキよりグーが強いというルールですが，負けた者勝ちという「大阪じゃんけん」を取り入れて，「おちゃらか　ホイ」をしてみましょう。「パーはチョキより強い，チョキはグーより強い，グーはパーより強い」というルールになります。

6　そうだん　じゃんけん

①3人対3人で，3人のうち何人立つか相談をする。
②声を合わせて「そうだん　じゃんけん」と言う。
③「ホーイ」で3人立てば2人に勝つ。2人立てば一人に勝つ。一人立てば3人に勝つ。

5 手あそび・うたあそび

手あそびは，手の形をいろいろなものに見立てる面白さがあります。自分の両方の手で作る形や表現は，子どもの創造性を刺激します。手を使って，何に見えるか，何ができるか考えながら，いっしょにあそびましょう。

1 グーチョキパーでなにつくろう

フランス民謡

グー チョキ パー で　グー チョキ パー で　なに つく ろう　なに つく ろう

みぎ て が チョキ で　ひだり て が チョキ で　か に さん　か に さん

〈あそび方〉

| グーチョキパーで　グーチョキパーで | なにつくろう　なにつくろう | 右手がチョキで
左手が　チョキで
かにさん　かにさん |

| 右手が　グーで
左手が　グーで
くまさん　くまさん | 右手が　パーで
左手が　パーで
うさぎさん　うさぎさん | 右手が　チョキで
左手が　グーで
カタツムリ　カタツムリ | 右手が　グーで
左手が　パーで
ヘリコプター |

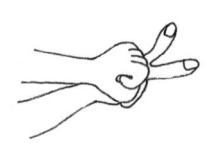

第Ⅱ部　身体表現あそびの具体的な指導案・教材の紹介

〈あそびの発展〉
　グー　チョキ　パーを使ってできるものを考えてみましょう。

右手が　チョキで	右手が　パーで	右手が　パーで	右手が　グーで	右手が　チョキで
左手が　グーで	左手が　パーで	左手が　パーで	左手が　グーで	左手が　パーで
アイスクリーム	かにさん	いないいないばあ	ヘッドホーン	ラーメン

2　大きな栗の木の下で

イギリス民謡

おおきなくりの　きのしたで　あなたと　わたし
なかよく　あそびましょう　おおきなくりの　きのしたで

〈あそび方〉

おおきなくりの　　きの　　した　　で

あなたと　わたし　なか　よく　あそびましょう

おおきなくりの　　　きの　　　した　　　で

〈あそびの発展〉

1．「おおきなくり」の表現を工夫してみましょう。

おおきなくりの木が動いている様子を表す。　　おおきなくりがごろごろしている様子を表す。

2．「おおきなくり」の変化バージョン

①「おおきなくり」を「ちいさなくり」に替えてみましょう。
　　＊ちいさなくりの　　きのしたで
　　　あなたとわたし　　なかよくあそびましょう
　　＊ちいさなくりの　　きのしたで

②さらに，①＊の部分を，下記のように替えてみましょう。
　「もっとおおきなくりの　きのしたで」：もっともっとおおきなくりを作る。
　「まーるい　くりの　きのしたで」：まるい形を身体で表現する。
　「さんかく　くりの　きのしたで」：三角の形を身体で表現する。
　「おおきな　ヤシの　きのしたで」：ヤシのしたで，フラダンスを踊る。
　「おおきな　やなぎの　きのしたで」：ゆうれいが出てくるように表現する。

③2人組になって，「おおきな，2人のくりの～」と歌詞を替えてみましょう。
　「2人のくりの」と言いながら，2人で，大きなくりの木を表現します。一人がくり，もう一人は「いが」になって，いがにくりの実が入っている様子を表現すると面白い「くり」が楽しめます。

④大小の表現は2歳児ごろからできるようになります。「おおきい」「ちいさい」「ちゅうぐらい」など身体で表現することを楽しみましょう。

3 くまさん　くまさん

わらべうた

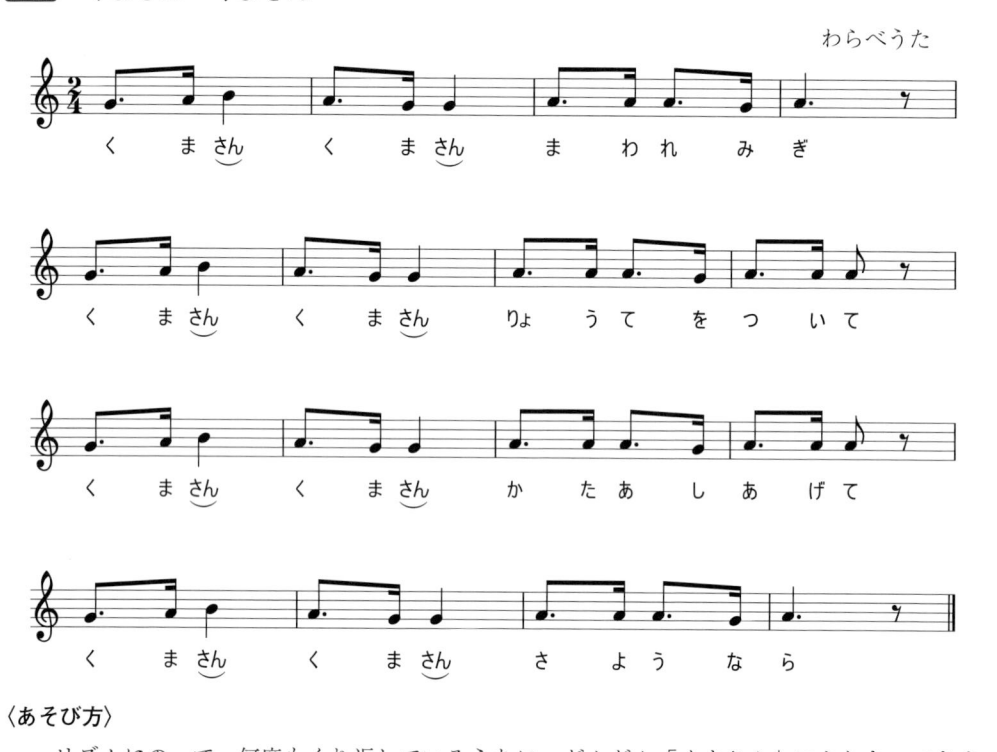

く　ま　さん　く　ま　さん　ま　われ　み　ぎ

く　ま　さん　く　ま　さん　りょう　て　を　つ　い　て

く　ま　さん　く　ま　さん　か　た　あし　あ　げ　て

く　ま　さん　く　ま　さん　さ　よ　う　な　ら

〈あそび方〉

　リズムにのって，何度もくり返しているうちに，だんだん「くまさん」になりきってきます。

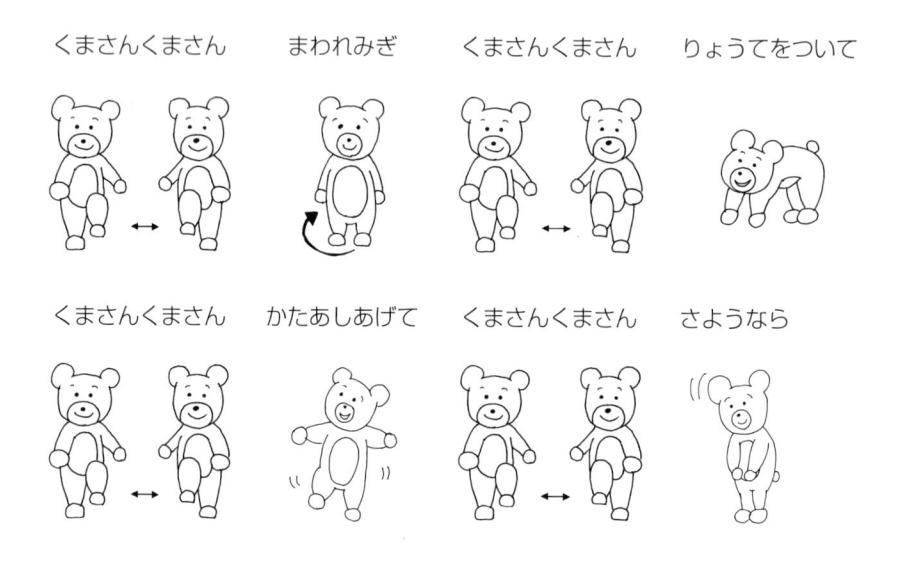

| くまさんくまさん | まわれみぎ | くまさんくまさん | りょうてをついて |

| くまさんくまさん | かたあしあげて | くまさんくまさん | さようなら |

　「くまさんくまさん」と歌ったあと次のように歌詞を替えてみましょう。

第6章　子どもが喜ぶ身体表現の教材

〈あそびの発展　その1〉

ちいさな赤ちゃんに，顔をさわりながら歌うあそびにしてみましょう。

　　くまさん　くまさん　　　くまさん　くまさん　　　くまさん　くまさん　　　くまさん　くまさん
　　おみみはどこだ　　　　　おめめをぱちり　　　　　あたまをなでて　　　　　べろべろば〜

〈あそびの発展　その2〉

2人で向かいあってあそびます。慣れてきたら，グループに分かれてあそび，相手を替えてあそぶこともできます。「さようなら」をした後，「くまさん　くまさん」と歌いながら，新しい相手を見つけます。「2人で　とんとん」から，新しい相手と続けると，くり返しあそべます。

| くまさんくまさん | 2人でとんとん | くまさんくまさん | 2人でぺこり |
| （向かいあって足踏み） | （手合わせ） | （向かいあって足踏み） | （あいさつ） |

| くまさんくまさん | 2人でピョンピョン | くまさんくまさん | さようなら |
| （向かいあって足踏み） | （両手つないで片足とび） | （向かいあって足踏み） | |

4 こんなことできますか

〈あそび方〉

リーダーが見えるように立ちます。リーダーの呼びかけに答え，動きを真似します。リーダーを交替しながらあそびましょう。

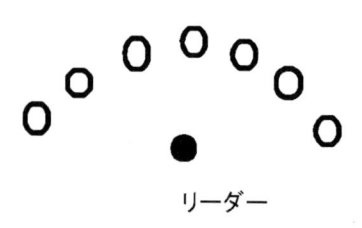

リーダー：「ぴよぴよちゃん」（とりのくちばしがパクパクする表現をする。）

子ども：「なんですか」（リーダーの真似をする。）

リーダー：「こんなこと こんなことできますか」（動きを示す。）

子ども：「こんなこと こんなこと できますよ」（リーダーの真似をする。）

「ぴよぴよちゃん」　「なんですか」 　「こんなこと こんなこと できますか」　「こんなこと こんなこと できますよ」

「こんなこと こんなこと できますか」その1

「こんなこと こんなこと できますか」その2

5 おしくらまんじゅう

作詞：吉岡　治
作曲：小林亜星

お　し　く　ら　ま　ん　じゅう　お　さ　れ　て　な　く　な

〈あそび方〉

　腕を組んで，背中合わせで押し合います。円の外に出ないように押し合いましょう。

〈あそびの発展〉

　指や手でおしくらまんじゅうをしてみましょう。

指で　　　　この指同士はちょっと　　　　足の指で　　　　ひざとひざ
　　　　　　むずかしい
　　　　　　くすりゆびとくすりゆび

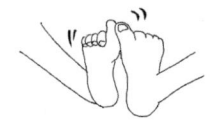

第Ⅱ部　身体表現あそびの具体的な指導案・教材の紹介

6　なべなべそこぬけ

わらべうた

な べ な べ そ こ ぬ け　そ こ が ぬ け た ら　か え り ま しょ

〈あそび方〉

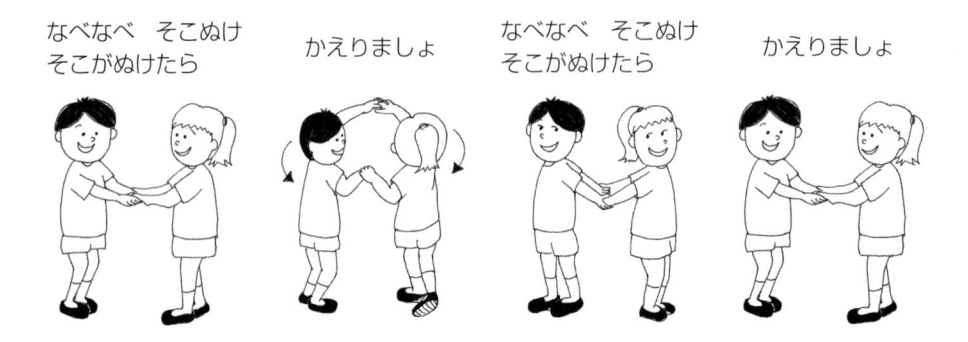

なべなべ　そこぬけ　　　かえりましょ　　　なべなべ　そこぬけ　　　かえりましょ
そこがぬけたら　　　　　　　　　　　　　そこがぬけたら

〈あそびの発展〉

　2人でできたら人数を増やしてやってみましょう。（保育者）「もう少しおおきなおなべがひっくりかえりますよ」と2人と2人のグループを合体し4人グループになるように声をかけます。4人で背中合わせになるとき，どこを通るか考えてみましょう。手をあげる，声をかける，などのルールを作るのも楽しいです。（保育者）「もっと大きなおなべ，8人でやってみましょう」と4人グループが2つ合体して8人で，8人＋8人＝16人，16人＋16人＝32人クラス全員で，やってみましょう。

6 かえうたあそび

うたの歌詞を替えるあそびです。ここで紹介する「むすんでひらいて」は、両手を上げてお日様がきらきらしている様子を表現します。「しあわせなら手をたたこう」は、あいさつをしたり、手をにぎるなどの動きを取り入れています。「ぞうさんのおさんぽ」は、「アブラハムの子」の旋律を使って、グループで表現するあそびです。動きや歌詞が変わると新しいあそびに変化します。知っている旋律の歌詞を替えてあそんでみましょう。

1 むすんでひらいて

作詞：Isaac, W.
作曲：Rousseau, J. J.

むすーんで ひら いーて てをーうって むーすんで
またひらいて て を うって そのーてを うえに

〈あそび方〉

むすんで　ひらいて　手をうって　むすんで

またひらいて　手をうって　その手を　うえに

〈あそびの発展〉
かえうたであそびましょう。

むすんでひらいて　手をうってむすんで
またひらいて　手をうって　その手を　うえに
おひさまきらきら　おひさまきらきら
おひさまきらきら　ひかってる

おひさまきらきら〜♪

むすんでひらいて　手をうってむすんで
またひらいて　手をうって　その手を　よこに
ひこうき　ぶんぶん　ひこうき　ぶんぶん
ひこうき　ぶんぶん　とんでます

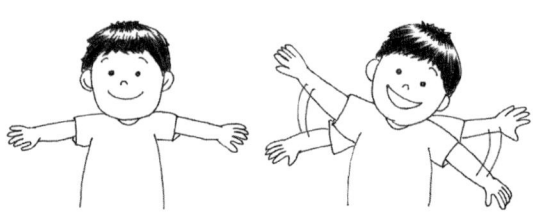

ひこうきぶんぶん〜♪

むすんでひらいて　手をうってむすんで
またひらいて　手をうって　その手を　まえに
じどうしゃ　ブーブー　じどうしゃ　ブーブー
じどうしゃ　ブーブー　とまります　キキー

じどうしゃブーブー♪

2　しあわせなら手をたたこう

外国曲

しあわせなら てを たたこう　しあわせなら てを たた
こう　しあわせなら たいどで しめそうよ ほら
みんなで を た た こう

第6章　子どもが喜ぶ身体表現の教材

〈あそび方〉

「しあわせなら手をたたこう」を2人組バージョンでやってみましょう。

「手をたたこう」は，2人で向かいあって，手合わせをします。

　　しあわせなら　手をたたこう
　　しあわせなら　手をたたこう
　　しあわせなら　たいどでしめそうよ
　　ほらみんなで　手をたたこう

手をたたこう

「かたたたこう」は，お互いのかたをたたきます。

　　しあわせなら　かたたたこう
　　しあわせなら　かたたたこう
　　しあわせなら　たいどでしめそうよ
　　ほらみんなで　かたたたこう

かたたたこう

「こんにちは」と，ごあいさつをします。

　　しあわせなら　ごあいさつ「こんにちは」
　　しあわせなら　ごあいさつ「こんにちは」
　　しあわせなら　たいどでしめそうよ
　　ほらみんなで　ごあいさつ「こんにちは」

ごあいさつ

「手をつなごう」で，手をつなぎ，「ぎゅー」で，手をにぎり合います。

　　しあわせなら　手をつなごう「ぎゅー」
　　しあわせなら　手をつなごう「ぎゅー」
　　しあわせなら　たいどでしめそうよ
　　ほらみんなで　手をつなごう「ぎゅー」

手をつなごう

「おおきくなろう」で，手をつないで広がります。
「ちいさくなろう」で，手をつないで近寄ってきます。

　　しあわせなら　おおきくなろう
　　しあわせなら　ちいさくなろう
　　しあわせなら　たいどでしめそうよ
　　ほらみんなで　おおきくなろう

おおきくなったり　ちいさくなったり

153

3 ぞうさんのおさんぽ

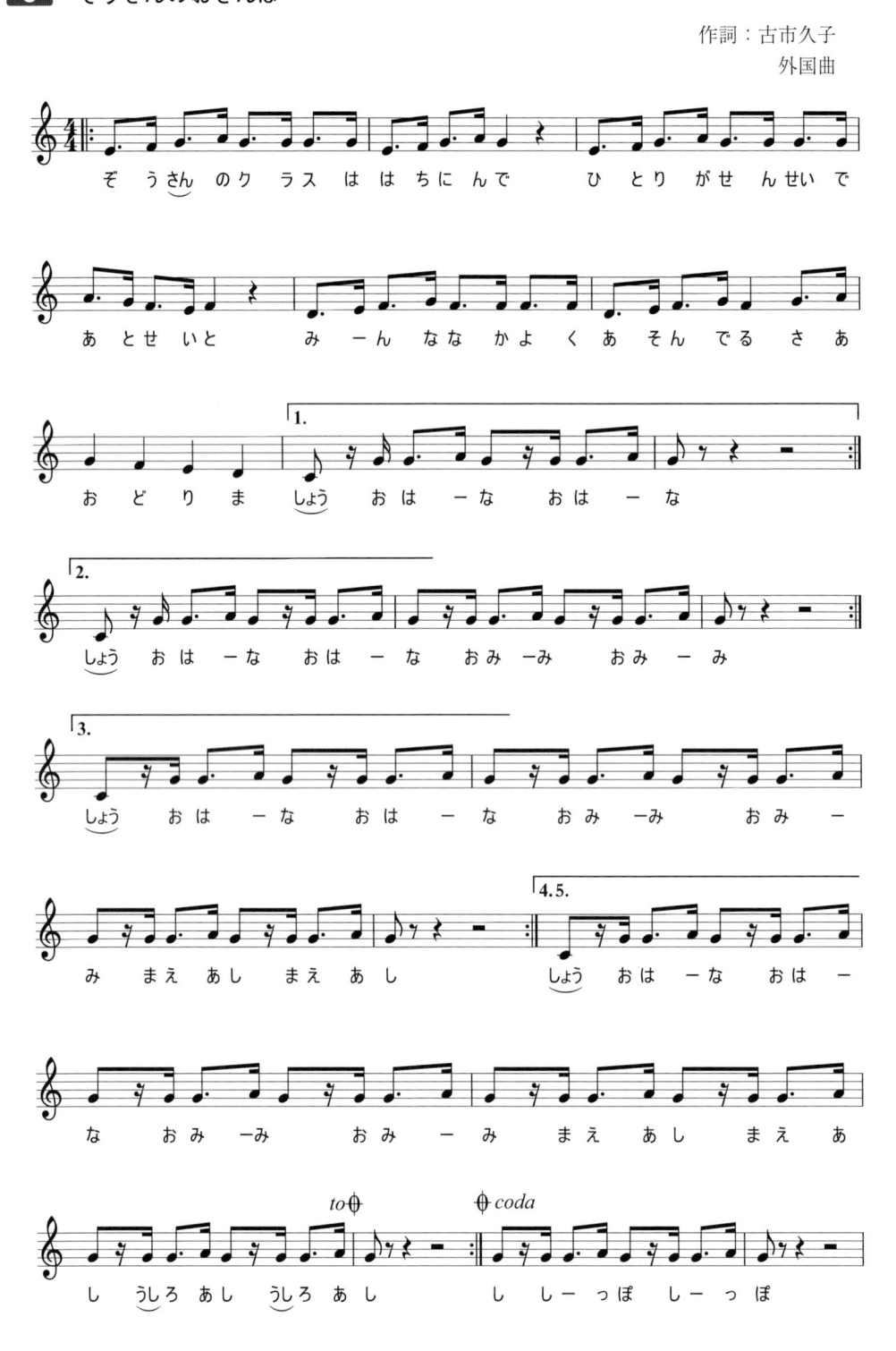

作詞：古市久子
外国曲

ぞうさんのクラスは はちにんで ひとりがせんせいで あとせいと みーんななかよくあそんでるさあ おどりま

1. しょう おはーな おはーな
2. しょう おはーな おはーな おみーみ おみーみ
3. しょう おはーな おはーな おみーみ おみー み まえあし まえあし

4.5. しょう おはーな おはー な おみーみ おみーみ まえあし まえあ

to🜔 🜔coda
し うしろあし うしろあし し しーっぽ しーっぽ

(楽譜)
ぞうさんぞうさんどこへゆく　これからさんぽに
でかけます　みーんななかよくならびましょうさあ
ゆきましょう　ぱおー!

〈あそび方〉
「アブラハムの子」のかえうたです。みんなで大きなぞうさんになってあそびましょう。8人グループであそびます。

1. ※ぞうさんのクラスは8人で，一人が先生であと生徒
   みんな仲良くあそんでる。さあおどりましょう。お鼻（お鼻）
   「お鼻」と歌いながら，8人のうち一人が前に出ます。ぞうの「鼻」になって，鼻を揺らしたり，丸めたり自由に表現します。しばらくして2番を歌い始めます。

2. ※くり返し
   お鼻（お鼻），お耳（お耳）
   1番目に前にでた「鼻」が動き，続いて「お耳」と歌いながら，さらに，2人が前に出て，「耳」になります。鼻と左右の耳が揺れている表現をします。以下，鼻，耳に続き新しい役割を加えていきます。

3. ※くり返し
   お鼻（お鼻），お耳（お耳），前足（前足）
   「前足」と歌いながら，さらに，2人が前に出て「前足」になります。鼻，両耳とぞうの重くて太い前足をイメージして表現します。

4. ※くり返し
   お鼻（お鼻），お耳（お耳），前足（前足），後ろ足（後ろ足）
   「後ろ足」と歌いながら，さらに，2人が前に出て「後ろ足」になります。ぞうの大きさや重さをイメージして表現します。

5. ※くり返し
   お鼻（お鼻），お耳（お耳），前足（前足），後ろ足（後ろ足），しっぽ（しっぽ）
   「しっぽ」と歌いながら，最後の人がしっぽになります。

6. ぞうさんぞうさん，どこへゆく　これからさんぽにでかけます。
　　みんな仲良くならびましょう。さあ，行きましょう！　パオ～！
　　と歌いながら8人でぞうさんを表現します。

〈あそびの発展〉
　大きなぞうさんになってグループで動くあそびができるように，次のようなことばがけをして表現あそびを楽しみましょう。
　保育者：「ぞうさんのお鼻，ながいね。」
　子ども（ぞう）：鼻を動かす。
　保育者：「ぞうさんのお耳，ぱたぱたしてるね。」
　子ども（ぞう）：耳を動かす。
　保育者：「おおきな身体だね。右足上げたよ。」
　右足の子ども（ぞう）：ぞうの右足になったつもりで動く。
　保育者：「おいしそうなりんごがあるよ。ぞうさんはどうやってたべるかな」
　子ども（ぞう）：鼻でりんごをたべるような動きをする。
　保育者：「しっぽは，どうかな」
　子ども（ぞう）：しっぽの動きを表現する。
　保育者：「ぞうさん，おさんぽ気をつけてね。」
　子ども（ぞう）：みんなでぞうになって歩く表現をする。

7 フォークダンス・リズムダンス

　子どもはフォークダンスを通して，動きのリズムを楽しみ，踊る楽しさを体験します。手をつなぐこと，目と目を合わせることなど，日常生活では味わえない人とかかわることの楽しさや大切さを味わうこともできます。子どもがフォークダンスを充分に楽しむためには，フォークダンスの選曲を適切に行い，導入を工夫し，踊り方が難しい場合は子どもにあった動きに替えるなど，指導方法を工夫することが必要になります。

【フォークダンスの用語】

1. 基本の動作
   - ステップ……他の地点に一歩移動して体重をかける。
   - スタンプ……足で床を踏み込む。
   - ヒールポイント……かかとを床に付ける。
   - トゥーポイント……つま先を床に付ける。
   - ホップ……体重をかけた片足で軽くとび，その足で着地する。片足とび。
   - クローズ……足を閉じる。
   - ウォーク……リズムに合わせて歩く。
   - ランニング……リズムにあわせて走る。
   - ジャンプ……片足または両足で踏み切って両足で着地する。

2. ステップ
   - ツーステップ……2拍子で，ステップ・クローズ（1）ステップ（1）。
   - ワルツステップ……3拍子で，ステップ（1）ステップ（2）クローズ（1）。
   - 拍の示し方……1フレーズ8拍を基本とするものが多い。ここで扱う教材では，2拍で行うとき「（2）」と示しています。「3回手を回す（1～3）」と書かれていれば，「イチ，ニ，サン」のカウントに合わせて3回回すことを示しています。

3. 方向と回転
   - LOD（エル・オー・ディと発音）……Line of Dance の略。円周上に対して，反時計回りの方向のこと。
   - 逆LOD（逆エル・オー・ディーと発音）……円周上に対して時計回りの方向のこと。
   - 円内・円外……円周上から円心を「円内」，円周上から外を「円外」という。

4. 隊形：踊り始める時の身体の向きや隊形
   - シングルサークル……一重円。
   - ダブルサークル……二重円。

5. ポジション：隊形を組んだ時の手や身体の位置
   - Vポジション（ヴイポジションと発音）……手をつないで下におろすこと。
   - Wポジション（ダブルポジションと発音）……肩よりやや上の高さで手をつなぐこと。
   - オープンポジション……パートナーそれぞれが進行方向を向き内側の手をとること。
   - サイドバイサイド……パートナーが進行方向を向いてお互いの横に立つこと。
   - プロムナードポジション……進行方向に2人並んで，左手と左手をつないで，その上から右手と右手をつなぐこと。

第Ⅱ部　身体表現あそびの具体的な指導案・教材の紹介

1　ポキポキダンス

外国曲

ラララ　みぎて　ラララ　みぎて　ラララ　みぎてを　くるりんぱ

ポキポキダンスを　みんな　で　おどろう　パ　パン　パ　パン　パン　パン

〈踊り方〉

1. ラララ右手　　　　　　　　　　　　クルリン　　　　　パ　　　ポキポキダンスを　パパンパ
   ラララ右手　　　　　　　　　　　　　　　　　　　　　　　　　　みんなでおどろう　パンパンパン
   ラララ右手を

2. ラララ左手　ラララ左手　ラララ左手を　クルリンパ
   ポキポキダンスをみんなでおどろう　パパンパ　パンパンパン

3. ラララ右足　　　　　　　　　　　　　　　　　　　　ポキポキ
   ラララ右足　　　　　　　　　　クルリン　　　パ　　ダンスを　　　パパンパ
   ラララ右足を　　　　　　　　　　　　　　　　　　　みんなで　　　パンパンパン
   　　　　　　　　　　　　　　　　　　　　　　　　　おどろう

4. ラララ左足　ラララ左足　ラララ左足を　クルリンパ
   ポキポキダンスをみんなでおどろう　パパンパ　パンパンパン

5. ラララあたま
   ラララあたま　　　　　　　クルリンパ　　　ポキポキダンスを　　パパンパ
   ラララあたまを　　　　　　　　　　　　　　みんなでおどろう　　パンパンパン

第6章　子どもが喜ぶ身体表現の教材

2　ホーキー・ポーキー（マザーグース）

導入として第7節**1**の「ポキポキダンス」をやってみましょう。

隊形：シングルサークル。円心向き，手はつながない。

〈踊り方〉

1. 右手の動作

　①右手を円内に出して，身体全体でリズムをとりながら右腕を3回振り（1～3），休む（4）を，3回くり返す。

　②右腕を円内で大きく，グルグルと3回まわし（1～3），休む（4）。

　③あごの下に両手を重ねるようにして当て，両肘を水平横に張るようにし，両膝をゆるめ，腰を左・右・左とゆすり（1～3），休む（4）。

　④その姿勢のまま，右足からその場を4歩で1回転する。

　⑤全員手をつないで一重円中心を向き，左方向（逆LOD）へ8歩すすむ。

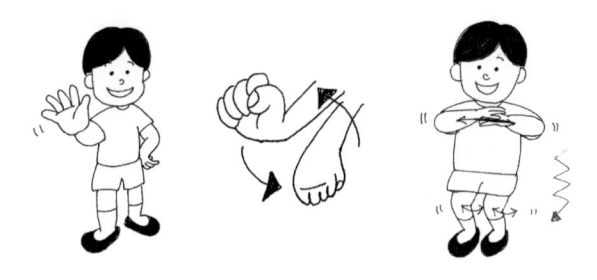

2. 左手の動作

　①左手を円内に出して，身体全体でリズムをとりながら左腕を3回振り（1～3），休む（4）を，3回くり返す。

　②左腕を円内で大きく，グルグルと3回まわし（1～3），休む（4）。

　③～⑤をくり返す。

3. 右足の動作

　①右足を円内に出して，身体全体でリズムをとりながら右足を3回振り（1～3），休む（4）を，3回くり返す。

　②右足を円内で大きく，グルグルと3回まわし（1～3），休む（4）。

　③～⑤をくり返す。

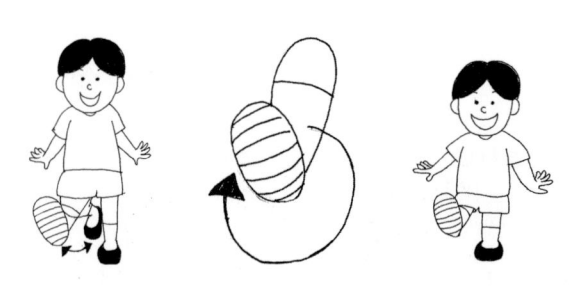

4. 左足の動作
   ①左足円内に出して，身体全体でリズムをとりながら左足を3回振り（1～3），休む（4）を，3回くり返す。
   ②左足を円内で大きく，グルグルと3回まわし（1～3），休む（4）。
   ③～⑤をくり返す。
5. 右肘の動作
   ①右肘曲げ肘を前に出し，身体全体でリズムをとりながら右肘を3回振り（1～3），休む（4）を，3回くり返す。
   ②右肘を円内で大きく，グルグルと3回まわし（1～3），休む（4）。
   ③～⑤をくり返す。
6. 左肘の動作
   ①左肘曲げ肘を前に出し，身体全体でリズムをとりながら左肘を3回振り（1～3），休む（4）を，3回くり返す。
   ②左肘を円内で大きく，グルグルと3回まわし（1～3），休む（4）。
   ③～⑤をくり返す。
7. 右腰の動作
   ①両手を腰にあて，右腰を前に出し，身体全体でリズムをとりながら右腰を3回振り（1～3），休む（4）を，3回くり返す。
   ②右腰を円内で大きくまわし（1～3），休む（4）。
   ③～⑤をくり返す。
8. 左腰の動作
   ①両手を腰にあて，左腰を前に出し，身体全体でリズムをとりながら左腰を3回振り（1～3），休む（4）を，3回くり返す。
   ②左腰を円内で大きくまわし（1～3），休む（4）。
   ③～⑤をくり返す。
9. 右膝の動作
   ①右膝を曲げ前に出し（右足つま先は床に付けてもよい），身体全体でリズムをとりながら左右に3回振り（1～3），休む（4）を，3回くり返す。
   ②右膝を円内で大きくまわし（1～3），休む（4）。
   ③～⑤をくり返す。
10. 左膝の動作
    ①左膝を曲げ前に出し（左足つま先は床に付けてもよい），身体全体でリズムをとりながら左右に3回振り（1～3），休む（4）を，3回くり返す。
    ②左膝を円内で大きくまわし（1～3），休む（4）。
    ③～⑤をくり返す。
11. 頭の動作
    ①首を左右に3回振り（1～3），休む（4）を，3回くり返す。
    ②首を大きくまわし（1～3），休む（4）。
    ③～⑤をくり返す。

12. エンディング

①あご下に両手を重ね腰を左右にゆすりながら，次第に腰をおろすように身体全体を低くして，最後に両膝を付けるが上体はまっすぐ保つ（1～16）。
②両膝を床に付けたまま，身体を左右にゆする動作を続ける（1～8）。
③両手をおろし，背後から大きくまわし頭を下げておでこを床に付け，両手は伸ばして前方の床に付けて終わる（1～8）。

〈踊りの発展〉

1. それぞれの動作や順番は決まっているわけではありません。リーダーは次の動作を大きな声で指定して楽しく踊りましょう。
2. リーダーは，円内に入り，動作を大きく踊ると雰囲気が楽しくなります。順番にリーダーを交代していきましょう。

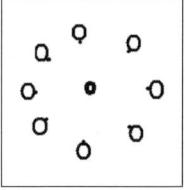

3 シューフライ

導入として第5節 6 の「なべなべそこぬけ」をやってみましょう。

隊形：シングルサークル。円心向き，手をつなぐ。

〈踊り方〉

1. 円心へ前進・後退。
   円心へ3歩前進（1～3），4歩目をそろえる（4）。3歩後退（5～7），4歩目をそろえる（8）。
2. くり返し（8）。
3. アーチをくぐる。
   サークルの1か所でアーチを作り，向かい側の人から前進してアーチをくぐる。全員円外向きになる（16）。
4. 円心へ後退・前進。
   円心に背中を向けたまま円心へ3歩後退（1～3），4歩目そろえる（4）。3歩円の外に向かって前進する（5～7）4歩目そろえる（8）。くり返し（8）。
5. アーチをくぐる。
   サークルの1か所でアーチを作り，後退してアーチをくぐる。アーチをくぐり終えると全員内向きに戻る（16）。

〈踊りの発展〉

　アーチをくぐる方法をまだ見つけていない場合，「手をつないだまま，全員動いて元の場所に戻る方法を考えましょう」と，答えをみんなで探すというあそびをしてみましょう。

　アーチの位置を決めていると，移動が可能になります。広い園庭で複数のグループが隊形移動をする場合，このような方法を取り入れると移動が容易にできます。

4　シューメーカーダンス

隊形：ダブルサークル。男子内側，女子外側で向きあう。

〈踊り方〉
1. 向かいあってかいぐり。
   外側にかいぐり（1〜4），内側にかいぐり（5〜8）をする。
2. ひっぱってトントントン。
   肘を引いて（1〜2）を，2回くり返す（3〜4）。にぎりこぶしを3回うちつけ（5〜7），休む（8）。
3. 1〜2をくり返す（16）。
4. 男女手をつないでLOD方向を向く。左足から，ヒールポイント（1〜2），トゥーポイント（3〜4），3歩前進（5〜7），休み（8）。
   右足，ヒールポイント（1〜2），トゥーポイント（3〜4），3歩前進（5〜7），休む（8）。
5. 4をくり返す（16）。

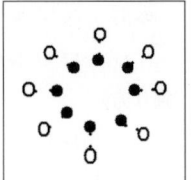

5 線路は続くよ　どこまでも

隊形：ダブルサークル。男子内側，女子外側。
　　　プロムナードポジション LOD。

〈踊り方〉

1. 〈1回目〉
   左足から LOD へ歩く（8）。
2. 左ヒールポイント（1）戻す（2）。
   右ヒールポイント（3）戻す（4）。
   両膝曲げ（5），戻して（6），顔を見合わせて「ヘイ」（7〜8）と言う。

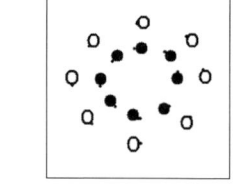

3. 〈2回目〉1〜2をくり返す（16）。
4. 〈3回目〉1〜2をくり返す（16）。
5. 〈4回目〉1〜2（1〜5）まで同様に行った後，手を離して汽笛の紐を引く動作で，「ホッホー」（6〜8）と言う（16）。
6. 女子は男子の後ろについて，シングルサークルを作る。
   全員左手を前の人の左肩に軽くかけ，右手は汽車のピストンの動きをして前進し（13），「ホッホー」と言う（3）。
7. 6をくり返す（16）。ただし最後に男子は前の女子と組み，プロムナードポジションになる。

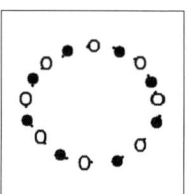

6　キンダーポルカ

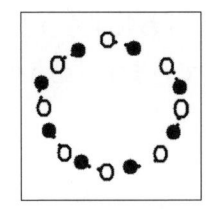

隊形：シングルサークル。男子LOD，女子逆LOD。

〈踊り方〉

1. 女子右足から，男子左足から，円内へステップ（1），クローズ（2），ステップ（3），クローズ（4），スタンプ（5〜7），休む（8）。
2. 円外へ1と同様にステップする（8）。
3. 1〜2をくり返す（16）。
4. ひざ（1〜2），拍手（3〜4），手合わせ3回（5〜7），休む（8）。
5. 4をくり返す（8）。

6. 男女向かいあったまま，ホップして右足のかかとを前に出して，ヒールポイントをし，お互いに右手人差し指で相手を指すように3回振る（1〜3），休む（4）。
   左手と左足に替えて（5〜7），休む（8）。
7. 4歩前へ右肩ですれ違う（1〜4）。
   新しいパートナーと向きあいスタンプ（5〜7），休む（8）。

＊ひざ，手拍子，手合わせ3回の「手合わせ」の部分を，リズムにのって「あいさつ」や「動き」などに替えてみましょう。

例えば

ひざ（1〜2），手拍子（3〜4），こんにちは（5〜8）

ひざ（1〜2），手拍子（3〜4），さようなら（5〜8）

ひざ（1〜2），手拍子（3〜4），かいぐり（5〜6），手合わせ「ポン」（7〜8）

ひざ（1〜2），手拍子（3〜4），「ジャンケンポン」（5〜8）など

7　おっとっとのおっとせい

「おしずもう」を取り入れ，リズムに合わせるあそびと自由なあそびを組み合わせています。動きの面白さを存分に楽しみましょう。

作曲：村治崇光
作詞：のぶみ

ひがし ー ー ー ー　どすこ ー い　にーし ー ー ー ー　どすこ ー い　ちゃんこちゃんこちゃんこちゃんこ　おっとっと　ちゃんこちゃんこちゃんこちゃんこ　おっとっと　ちゃんこちゃんこちゃんこちゃんこ　おっとっと　ちゃんこちゃんこちゃんこ　おっととっと　はりてにつっぱり　おっとっと　ちゃんこをたーべて　おっとっと　おしだしよりきり　おっとっと　おっとっとの　おっとせい　ちゃんこちゃんこちゃんこちゃんこ　おっとっと　ちゃんこちゃんこちゃんこちゃんこ

第6章　子どもが喜ぶ身体表現の教材

参考：曲は「わくわくベストこどものうた」CDツイン2007年（COCX-34145）を使用しました。

○『おっとっとのオットセイ』であそぼう

振り付け：遠藤晶・直原信子・時森美智子（新リズム表現研究会）

隊形：AとBの役を決めて2人で向かいあう。

〈踊り方〉

1. 前奏：向かいあって「しこ」を踏む。
2. Aが押すふりで前進，同時にBは押されるふりをしながら後退（1〜4）。
3. 着地した足でAは前方へ，Bは後方へ3歩片足とび（5〜7），休む（8）（以下，この動きを「おっとっと」とする）。
4. Bが押すふりで前進，Aは押されるふりをしながら後退（1〜4），おっとっと（5〜8）。
5. 2〜4をくり返す（16）。
6. 「のこった，のこった」で，おしずもうの準備をする（8）。
7. 手を合わせておしずもうをする（8×3）。

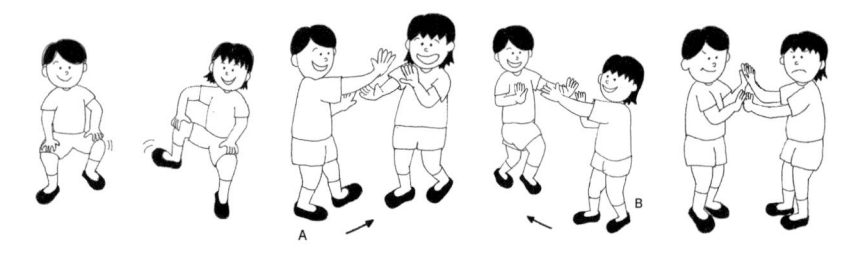

8. Aが前，Bが後ろについて2人でオットセイになる（8）。2人で自由な方向へ前進（1〜4），おっとっと（5〜8）を4回くり返す。
9. 間奏（8×4）

    ナレーション

    「では，もう一番。」

    「塩をまいて。」

    「みあって，みあって。」
10. 6と同じ。手を合わせておしずもうをする（8×3）。

オットセイ

11. Bが前，Aが後ろについて2人でオットセイになる（8）。
12. オットセイのポーズで自由な方向へ前進する（1〜4），おっとっと（5〜8）を4回くり返す。
13. A，Bともに自由に歩いておっとっと（8×4）。
14. 後ろ向きでおしりずもう（8×4）。
    「まったな〜し」で，おしりで押し合う。
15. 最後はオットセイのポーズ。

オットセイ　　　おしりずもう　　　オットセイのポーズ

8 表現あそび

子ども達は多様な経験を通して育ちます。うたを歌うことや絵本を読んでもらいながらイメージを豊かにふくらませることは，身体表現には欠かせない経験です。うたやお話の世界を友達や保育者と一緒に動くことは，園の生活でこそ味わえるものです。保育者のピアノ伴奏に合わせて，歌うことや，覚えたうたを歌いながら思い思いに表現できることも大切にしましょう。身体表現を通して，ことばや科学的な事象の新たな気づきや興味関心を広げます。表現あそびに参考になる絵本等も紹介していますので，新たな経験のきっかけにしてください。

1 おはようクレヨン

クレヨンの色，クレヨンで絵を描く楽しさを表現しましょう。箱の中に入っていたクレヨンが，歌が始まると動き始めます。

○うたを歌う

作詞・作曲：谷山浩子

参考：曲は「NHK みんなのうた　45周年ベスト曲集──メトロポリタン美術館／スシ食いねェ！」（COCX-33842）を使用しました。

○『おはようクレヨン』を表現しよう

振り付け：島本葉子・古市久子（新リズム表現研究会）

隊形：自由隊形。8～10人が、クレヨンの箱の中に入っている。

〈踊り方〉
1. 前奏　箱の中から出てきて、2人組で向かい合う。
2. 「あかいクレヨン」頭の上で、手を合わせて三角や丸をつくり左（2）右（2）にゆれる。
3. 「いちばんさきに」ジャンプを2回。

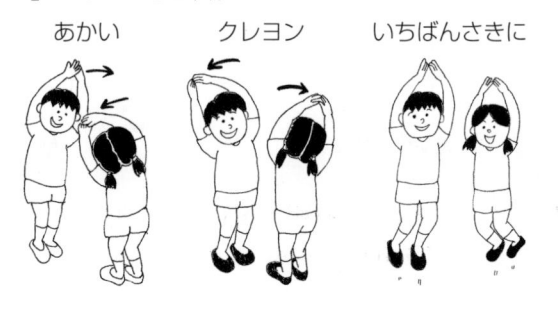

　　　　　あかい　　　クレヨン　　いちばんさきに

4. 「箱のなかで　目をさました」小さくしゃがみ、大きく伸びながら右手、左手を伸びをするよに高く上げる。

　　　　　箱のなかで　　　目を　　　さました

第Ⅱ部　身体表現あそびの具体的な指導案・教材の紹介

5. 「オハヨー　オハヨー　オハヨー　ぼくはだれかな」胸の前で，両手を合わせ，片手ずつ斜めに上げる。片方の人は先にジャンプしてまわれ右，もう一人はジャンプしてひとつ前へ進み手をつなぐ。

　　　　オハヨー　オハヨー　オハヨー　ぼくは　　だれか　　　な

6. 「赤い赤い赤い，……そうだ，トマトかもしれない」前後に手をつないだまま右側で顔を合わせ（1〜2），左側で顔を合わせ（3〜4），まわる（5〜8）。

　　　赤い赤い　　　　赤い　　　　…そうだ，トマトかもしれない

7. 間奏　一人はクレヨンになり，もう一人は紙になって自由に絵を描きます。描く人が手を動かすと，描かれる人はその動きに合わせて身体を動かして，描かれる動きを表現しましょう。描く人がどんな絵を描いてくれるでしょうか。

8. 2番，3番は1番をくり返す。

9. 後奏
　　クレヨンの表現をしながら，最初にクレヨンの箱に入っていたように戻っていく。
　　最後はクレヨンの動きが止まりポーズをして終わる。

＊色に関する表現あそびの導入として参考にできる絵本
　　レオ・レオーニ（作），藤田圭雄（訳）『あおくんときいろちゃん』至光社，1967年
　　ドン・フリーマン（作），さいおんじさちこ（訳）『クレヨンのはなし』ほるぷ出版，1976年
　　長　新太（お話・絵）『ぼくのクレヨン』講談社，1993年
　　エリック・カール（作），さのようこ（訳）『こんにちは　あかぎつね』偕成社，1999年

＊色についての興味や関心のサイン
　　色の名称を知ること。
　　身の回りにあるいろいろなものの色に興味をもつ。
　　絵の具，パス，クレヨン，色鉛筆，フェルトペンなどによって描き方が異なることに気づく。

第6章　子どもが喜ぶ身体表現の教材

2　川はだれのもの

　川のイメージを身体で表現しましょう。集団でイメージを共有して身体で表現します。絵本，うた，表現あそびをきっかけにして，子ども達が環境や自然を考えるきっかけになるでしょう。

○うたを歌う

作詞・作曲：みなみらんぼう
編曲：悠木昭宏

1．山に降った雨のしずく　岩をすべり落ちて　やがて細い川となった　川は森で生まれた
　　川は誰のもの？　住んでる魚のものかしら？　それとも雨のものかな？　森のものだろうか？
2．村をくだり町を流れ　川は海を目指す　鳥があそぶ虹がかかる　人の希望燃え立つ
　　川は誰のもの？　岸辺の緑のものかしら？　それとも森のものかな？　人のものだろうか？
3．いいえ　どの川も　誰のものでもありません　生きてるすべてのものです
　　川はみんなのもの　川はみんなのもの

○リズムダンス『川はだれのもの』〈振り付け：古市久子・田辺昌吾（新リズム表現研究会）〉

隊形：自由隊形。2人組で踊る。

1．前奏（8×4）

　　小さな小川のイメージです。一人で「きらきらした水面」「さらさら流れる様子」など感じたままに小川を表現しましょう。表現1番の歌詞が始まる時には，

2人組で踊ります。
2. 「山に降った雨のしずく」
   右斜め前に両手を伸ばし手はきらきら、足はヒールポイント（1～2）、もどす（3～4）。左斜め前に両手を伸ばし手はきらきら、足はヒールポイント（5～6）、もどす（7～8）。
3. 「岩をすべり落ちて」
   右腕を組み回り（1～6）、左手首でさかなの尾びれがゆれるように「ピッピ」と返す（7～8）。

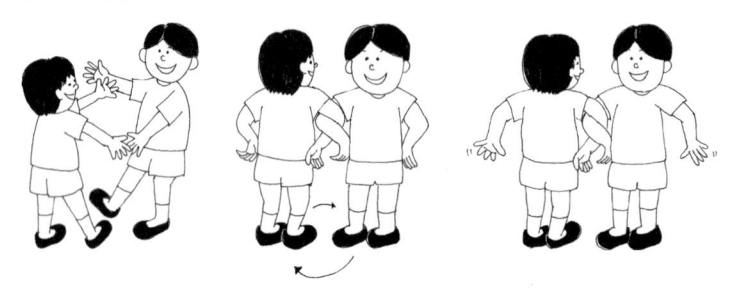

4. 「やがて細い川となった」
   左斜め前に両手を伸ばし手はきらきら、足はヒールポイント（1～2）、もどす（3～4）。右斜め前に両手を伸ばし手はきらきら、足はヒールポイント（5～6）、もどす（7～8）。
5. 「川は森で生まれた」
   左腕を組みまわる（1～6）、右手首でさかなの尾びれがゆれるように「ピッピ」と返す（7～8）。
6. 「川は誰のもの？」
   藻がうかんでいる様子を、両手でふわふわと表現する（1～5）。頭上で拍手4つ（6～8）。

拍手を4つ

7．「住んでる魚のものかしら？」
　両手を広げてつないで，揺れて（1～2）戻して（3～4），反対方向に揺れて（5～6）戻す（7～8）。

8．「それとも」で，「あっ」と斜め上遠くを指さす。
　「雨のものかな？」その方向を見ながら背中合わせになり両手をつなぐ（8）。
9．「森のものだろうか？」背中合わせのまま回る（8）。

10．間奏（8×4）
　　小さな小川が，山を下ると川の幅も少し広くなったイメージです。少し大きな流れを感じるために，2人組で川の流れを表現しましょう。「ゆったりした感じ」「魚が泳いでいる」などの表現をしましょう。
11．2番　1番と同じ表現をくり返す。
12．後奏
　　さらに大きな川になったイメージです。川の流れはゆるやかに，ゆったり流れています。クラスの友達みんなでつながり大きな川を表現しましょう。

＊川に関する表現あそびの導入として参考にできる絵本
　加古里子（作・絵）『かわ』福音館書店，1966年

《執筆者紹介》 執筆順，執筆担当

古市　久子（ふるいち・ひさこ）　はじめに，第1章，第2章，第3章第1節
編著者紹介参照。

田辺　昌吾（たなべ・しょうご）　第3章第2節，第3節
四天王寺大学教育学部准教授
主著　『家庭支援論』（共著），光生館，2011年。
　　　『育児・子育てのなかの家族支援』（共著），至文堂，2007年。

江原　千恵（えばら・ちえ）　第4章第1節
頌栄短期大学非常勤講師
主著　『幼児のボディ・イメージと運動能力』（単著），ミネルヴァ書房，2006年。
　　　『こどもの元気を取り戻す　保育内容「健康」』（共著），杏林書院，2011年。

内藤（西岡）真希（ないとう（にしおか）・まき）　第4章第2節，第3節
新光明池幼稚園園長

松山由美子（まつやま・ゆみこ）　第4章第4節，第5章
四天王寺大学短期大学部保育科教授
主著　『幼児教育のフロンティア』（共著），晃洋書房，2009年。
　　　『保育の創造を支援するコンピュータ』（共著），保育出版社，2006年。

遠藤　晶（えんどう・あき）　第6章
武庫川女子大学文学部教授
主著　『保育実習・教育実習』（共著），ミネルヴァ書房，2003年。
　　　『保育実習の展開』（共著），ミネルヴァ書房，2009年。

日本音楽著作権協会（出）許諾第1300082-301号

《編著者紹介》

古市　久子（ふるいち・ひさこ）
愛知東邦大学教育学部教授
主著　『身体表現』（単著），北大路書房，1998年。
　　　『幼児保育とカウンセリングマインド』（共著），ミネルヴァ書房，1995年。

	保育表現技術
	──豊かに育つ・育てる身体表現──

2013年3月25日　初版第1刷発行　　　〈検印省略〉
2017年2月20日　初版第3刷発行

定価はカバーに
表示しています

編著者　古　市　久　子
発行者　杉　田　啓　三
印刷者　田　中　雅　博

発行所　株式会社　ミネルヴァ書房
607-8494　京都市山科区日ノ岡堤谷町1
電話代表　(075)581-5191
振替口座　01020-0-8076

©古市久子ほか，2013　　創栄図書印刷・清水製本

ISBN978-4-623-06569-1

Printed in Japan

最新保育講座

B5判／美装カバー

1. 保育原理
   森上史朗・小林紀子・若月芳浩 編
   本体2000円

2. 保育者論
   汐見稔幸・大豆生田啓友 編
   本体2200円

3. 子ども理解と援助
   髙嶋景子・砂上史子・森上史朗 編
   本体2200円

4. 保育内容総論
   大豆生田啓友・渡辺英則・柴崎正行・増田まゆみ 編
   本体2200円

5. 保育課程・教育課程総論
   柴崎正行・戸田雅美・増田まゆみ 編
   本体2200円

6. 保育方法・指導法
   大豆生田啓友・渡辺英則・森上史朗 編
   本体2200円

7. 保育内容「健康」
   河邉貴子・柴崎正行・杉原隆 編
   本体2200円

8. 保育内容「人間関係」
   森上史朗・小林紀子・渡辺英則 編
   本体2200円

9. 保育内容「環境」
   柴崎正行・若月芳浩 編
   本体2200円

10. 保育内容「言葉」
    柴崎正行・戸田雅美・秋田喜代美 編
    本体2200円

11. 保育内容「表現」
    平田智久・小林紀子・砂上史子 編
    本体2200円

12. 幼稚園実習 保育所・施設実習
    大豆生田啓友・高杉展・若月芳浩 編
    本体2200円

13. 保育実習
    阿部和子・増田まゆみ・小櫃智子 編
    本体2200円

14. 乳児保育
    増田まゆみ・天野珠路・阿部和子 編
    未定

15. 障害児保育
    鯨岡峻 編
    本体2200円

新・プリマーズ

A5判／美装カバー

社会福祉
石田慎二・山縣文治 編著
本体1800円

児童家庭福祉
福田公教・山縣文治 編著
本体1800円

社会的養護
小池由佳・山縣文治 編著
本体1800円

社会的養護内容
谷口純世・山縣文治 編著
本体2000円

家庭支援論
高辻千恵・山縣文治 編著
本体2000円

保育相談支援
柏女霊峰・橋本真紀 編著
本体2000円

発達心理学
無藤隆・中坪史典・西山修 編著
本体2200円

保育の心理学
河合優年・中野茂 編著
本体2000円

相談援助
久保美紀・林浩康・湯浅典人 著
本体2000円

（続刊予定）

ミネルヴァ書房
http://www.minervashobo.co.jp